商业新闻出版公司和轻松读文化事业有限公司提供内容支持

美国的IT大佬们

轻松读大师项目部 编

中国盲文出版社

图书在版编目（CIP）数据

美国的 IT 大佬们：大字版 / 轻松读大师项目部编. —北京：中国盲文出版社，2017.4

ISBN 978－7－5002－7855－9

Ⅰ.①美…　Ⅱ.①轻…　Ⅲ.①企业家－列传－美国－现代　Ⅳ.①K837.125.38

中国版本图书馆 CIP 数据核字（2017）第 084604 号

本书由轻松读文化事业有限公司授权出版

美国的 IT 大佬们

编　　者：轻松读大师项目部
出版发行：中国盲文出版社
社　　址：北京市西城区太平街甲 6 号
邮政编码：100050
印　　刷：北京汇林印务有限公司
经　　销：新华书店
开　　本：787×1092　1/16
字　　数：85 千字
印　　张：13.5
版　　次：2017 年 4 月第 1 版　2017 年 6 月第 1 次印刷
书　　号：ISBN 978－7－5002－7855－9/K·561
定　　价：46.00 元
销售热线：（010）83190297　83190289　83190292

出版前言

数字文明为我们求知问道、拓展格局带来空前便利，同时也使我们深受信息过剩、知识爆炸的困扰。面对海量信息，闭目塞听、望洋兴叹固非良策，不分主次、照单全收更无可能。时代快速变化，竞争不断升级，要想克服本领恐慌，防止无知而盲、少知而迷，需尽可能将主流社会的最新智力成果内化于心、外化于行，如此才能更好地顺应时代，提高成功概率。为使读者精准快速地把握分散在万千书卷中的新理念、新策略、新创意、新方法，我们组织编写了这套《好书精读丛书》。

这套书旨在帮助读者提高阅读质量和效率。我们依托海内外相关知识服务机构十多年的持续积累，博观约取，从经济管理、创业创新、投资理财、营销创意、人际沟通、名企分析等方面选取数百种与时俱进又经世致用的好书分类整合，凝练出版。它们或传播现代经管新知，或讲授实用营销技巧，或聚焦创新创业，或分析成功者要素组合，真知云集，灼见荟萃。期待这些凝聚着当代经济社会管理创新创意亮点的好书，能为提升您的学识见解和能力建设提供优质有效便捷的阅读资源。

聚焦对最新知识的深度加工和闪光点提炼是这套书的突出特点。每本书集中解读4种主题相关的代表性好书，以“要点整理”“5分钟摘要”“主题看板”“关键词解读”“轻松读大师”等栏目精炼呈现各书核心观点，崇真尚实，化繁为简，您可利用各种碎片化时间在赏心悦目中取其精髓。常读常新，明辨笃行，您一定会悟得更深更透，做得更好更快。

好书不厌百回读，熟读深思子自知。作为精准知识服务的一次尝试，我们期待能帮您开启高效率的阅读。让我们一起成长和超越！

目 录

这本富有启迪性的传记呈现了一个全方位的鲍尔默，既是一个好男孩——在密歇根州、马萨诸塞州、加利福尼亚州专心致志读书的乖孩子，也是一个坏小子——一个暴戾的商人，一个在法庭上破口大骂、在新产品推销会上撕破声带的怪物。还通过盖茨和鲍尔默之间剪不断的枝枝蔓蔓，揭示了他们是如何一道造就了微软帝国。

1993年郭士纳接掌IBM之际，这个长期以来执计算机世界之牛耳的IBM已步履蹒跚，如何使这头企业巨象改天换地？郭士纳开启了他的战略性调整，在否决了拆分公司提案的基础上，他以强硬的作风、务实的态度从经营方式、企业文化、商业策略、企业转型等方面再出硬拳，重振大型机业务、拓展服务业务、拿下企业网络市场……郭士纳任期中所做的一切努力终于修成正果，换来了IBM的再度崛起和重现辉煌。

拉里·埃里森堪称硅谷历史上身份最复杂和最古怪的人，他既是当今世界上最大的数据库软件公司甲骨文的CEO及创办人，也是一位雄辩的预言家、敢冒风险的运动员、玩世不恭的花花公子，同时还是一位慈善富豪。埃里森白手起家，以非凡的进取精神、胆识魄力、远见果断、高傲自信打造出甲骨文传奇，在埃里森和甲骨文的成功表面下，有着怎样的波折经历和传奇色彩？

安迪·格鲁夫，一个引领时代、叱咤管理界的偏执型商业领袖，他是《时代周刊》的“风云人物”，美国平民成功的偶像，也是21世纪商界人士的榜样。格鲁夫的经历充满了传奇色彩。青年时代的创伤造就了他强硬的性格特质，助力他追逐实现美国梦想。从一个躲避战乱的落魄难民，到一个驾驭商界的铁腕人物，这期间是怎样的色彩斑斓？这里将告诉你最为完整的格鲁夫人生经历以及英特尔发展历史。

微软坏小子鲍尔默

微软二当家

Bad Boy Ballmer

The Man Who Rules Microsoft

原著作者简介

弗雷德里克·马克斯韦尔（Fredric Maxwell），目前专职从事研究与写作，往来于美国华盛顿州的西雅图、蒙大拿州的米苏拉市和佛罗里达州南部等地。马克斯韦尔曾为美国《新闻周刊》《纽约客》《时尚芭莎》等刊物撰写过多篇专栏文章。

本文编译：陈正芬

主要内容

5分钟摘要

速写鲍尔默

有位分析师曾说："微软是'比尔与史蒂夫的双人秀'。"微软一位前副总裁谈及盖茨和鲍尔默的人性特质时指出："很多时候，他们两人行动犹如一体，但一旦分开，你会发现两人的差异还真大。"技术男出身的盖茨负责运筹帷幄，也是总指挥官，鲍尔默则以生意人自居，是谋士，也是陆军总司令。当盖茨为反垄断审判辩护时，鲍尔默则全身心扑向公司以保证运转如常。盖茨重视"资产负债表"，鲍尔默看重"损益表"。有位曾任职微软的员工说："盖茨喜欢真正聪明的人，没别的。鲍尔默则喜欢能把事情做好的人。"

鲍尔默从不装模作样，只要是为了证明某一论点，他必会全副武装、粉墨登场，搏命扮演啦啦队，像猴子似的上蹿下跳和尖声叫嚷："视窗

好！视窗妙！视窗呱呱叫！”为此声带撕裂也在所不惜。人人都知道，他以特有的活力和信念鼓舞着微软，有本事让员工深入挖掘和激励自我，他声称这么做即使不为员工自身，也是为他自己。当然，鲍尔默也有“坏小子”的一面，即较为世俗的层面。如他会宣布软件近期即将上市，心里却很清楚还得再等个几年，此举目的乃刻意降低微软用户转投其他竞争对手的概率，结果却无情地导致了 IBM 停摆；鲍尔默还宣称，大众认为的微软操作系统与应用程序界面间牢不可破的高墙其实并不存在；鲍尔默有时化身为骁勇善战的谢尔曼将军，剽窃竞争对手的产品，还摆出一副“来告我呀”的姿态，导致法官与陪审团一致裁定微软败诉；鲍尔默也曾毫不客气地呵斥一位和美国网景签约的客户：“任何人非敌即友，现在你是我们的敌人！”这就是鲍尔默，一个不卑不亢、极具领导能力和震撼能量的多面鲍尔默。

早年生活

求学时代

史蒂夫·安东尼·鲍尔默，生于 1956 年 3 月，父亲佛莱德·鲍尔默是来自瑞典的移民，任职于福特汽车公司。移民美国之前，鲍尔默的父亲曾担任纽伦堡国际军事法庭的短期翻译官。母亲碧翠丝·德沃金生于底特律，为俄国移民后裔，也在汽车业服务。

为了拓展在福特的职业生涯，老鲍尔默带着家小到比利时外派三年。鲍尔默在那儿学会了一口流利的法语，之后又随家人搬回美国，落脚在密歇根州。鲍尔默家是向心力极强的家庭。

关键思维

我父亲喜欢发问，会想清楚事情的来龙去

脉。记得小时候，父亲会为我解释国际贸易公司如何运作。公司完全是“税的组合体”，那真的很复杂。至今我仍想不通父亲是怎样弄懂这些细节，并能从中找出可循良机。我父母亲都没上过大学，但我还记得父亲十分确定我一定会进入大学。

——史蒂夫·鲍尔默

鲍尔默在校时，就是个无法令人小觑的人物，不只因为个头大，还很精明，又是个大嗓门。鲍尔默就读于底特律乡村走读学校，前后期校友包括演员罗宾·威廉姆斯、蒂姆·艾伦，《华盛顿邮报》专栏作家迈克尔·金斯利及太阳微系统创办人斯科特·马可尼里。

关键思维

史蒂夫是精英中的精英。只要与他打几分钟交道，就能感受到他的惊人才智。我不想说他总

是精力过盛，但他确实朝气蓬勃。九年级时，史蒂夫刚转学来，他的数学进度落后全班一两年，但升上十年级后，他的进度却超前一年半，这是真的。在班上总坐在第一排，老师提问题时，学生们在底下聊天，只有史蒂夫因想不出答案而十分焦躁。当我读到任何有关史蒂夫的故事，如在聚会讨论中不论有理无理总爱奋起大吼，对此我一点也不觉得意外，因为这都是他的性格特质，和十年级时的史蒂夫完全吻合。

——托德·里奇，医师、鲍尔默同窗

史蒂夫会站在黑板前为全班同学讲解问题，手舞足蹈。他会一边写一边擦，左右开弓。他有种我称之为“智识能量”的东西，说实话，我不晓得晚上他会不会“关机”，那真的是种“高智识能量”，任何人都绝无可能绊倒他。

——杰拉尔德·汉森，微积分老师

与盖茨相遇相知

除了学业表现优异，鲍尔默的运动同样出类

拔萃，他入选美式橄榄球校队，也负责管理篮球队，还在田径队推铅球。鲍尔默的嗓门抵得过十人，有“一人啦啦队”的美誉。

自八岁起，鲍尔默的父亲便期望他能考进哈佛。他在学术能力评估测试（SAT）中的数学科目拿到满分，于是麻省理工学院、加州理工学院及哈佛大学等都向他伸出了橄榄枝，最后他还是选择了“父亲的梦想”——哈佛大学，主修数学，摇身成为数学奇才。由于鲍尔默的测试分数奇高无比，因此哈佛大学准许他从大二开始读起，不过他的父母都坚持孩子应受正常待遇，于是他仍从大一开始读起。

1973 年夏天，鲍尔默成为哈佛新生，大二时搬到克利尔公寓住，他坦承搬家动机是“因为那里女生比较多”（克利尔公寓有 223 位女生，却只有 84 位男生）。克利尔公寓也是哈佛书呆子最喜欢的地方，那里也是鲍尔默初次遇见另一位同校生——比尔·盖茨之地。

关键思维

大二时，我们在克利尔公寓各住各的，可是我一直听说有个疯狂的家伙，老喜欢在夜里外出，而且是从遥远的西雅图来的，至少对我们这些从没到过太平洋的人来说，西雅图离波士顿蛮远的。还有，这家伙不太睡觉，行径诡异，但大家都跟我说“他是个绝顶聪明的人”。他和我一样，都是开口数学、闭口科学。大约两个月后，我们认识了彼此，不久就成为死党，因为我们都喜欢讨论科学和数学，并乐在其中。

——史蒂夫·鲍尔默

性格南辕北辙的这对哥儿们喜欢混在一块儿。盖茨不喜欢社交，腼腆拘谨，有企业家的冒险精神，家境好，非常独断独行；鲍尔默则能言善道，节俭，热情洋溢，有极强的社交能力。再者，两人都没有女朋友，所以干脆一起读书，成为你追我赶的竞争对手。

展现“为达目标全力以赴”的性格

虽然鲍尔默完全没有成为企业家的打算，但他仍希望毕业后能进入哈佛商学院就读。为达成此目标，他做了小小的研究，发现只要当上哈佛橄榄球校队的经理，似乎都能在第二年顺理成章地进入哈佛商学院。就这样，鲍尔默当上了橄榄球校队的“器材掌门人”。为提高胜算，获得商学院的青睐，他也为哈佛校园报纸和文学杂志推销广告。

关键思维

鲍尔默真的在卖广告，显然也是报社有史以来最棒的广告业务员。对此我深表感谢，因为有了鲍尔默，办报就必须得获利。《红色哈佛报》选择编辑的程序相当严谨，是由编辑挑选继任人选，因此每位候选人都尽可能往自己脸上贴金。鲍尔默一进来就申请报社最高职位——业务经理，结果未被录取，原因是他的

作风太唐突了。

——尼古拉斯·李曼，《红色哈佛报》1975年总编辑

鲍尔默喜欢团队合作，志在建立同志情谊，就像乔丹喜欢的篮球团队一样，这种团队不同于家庭或教堂。鲍尔默就像乔丹，流着竞争的血液，感悟着成功的重要，他也了解若要成功，必须为此付出代价。鲍尔默和乔丹都染上了“竞争瘾”，因此必须不断冲锋陷阵。他们两位都是新好男人，保护家人不受聚光灯干扰。可是一旦启动竞争基因的开关就停不下来，原因是开关早已坏掉了。

——丹·希金斯，哈佛橄榄球校队队长（后来加入芝加哥小熊队，成为体育播报员，并与乔丹结识）

1975年春，正当鲍尔默为进入哈佛商学院忙碌之际，好友盖茨却决定休学。盖茨和他的挚友保罗·艾伦，在《大众电子》上读到世界第一台个人电脑“牵牛星”的报道，于是决定到新墨西哥州阿尔伯克基市成立专为“牵牛星”撰写程序语言的公司。而鲍尔默则继续待在哈佛，直到 1977 年取得应用数学和经济学的双学位。后来他收到斯坦福商学院的录取通知，不过校方却鼓励他先获得实践经验，再继续学业。于是，鲍尔默决定先到快速消费品巨头宝洁公司任职，接受几年磨炼。

宝洁生涯

宝洁品牌经理人，未来创业家

鲍尔默加入宝洁食品事业部担任品牌助理时，接受了系统的销售训练，他负责在达拉斯市与丹佛市销售布朗尼蛋糕与马芬蛋糕的预拌粉。掌握了销售点的重要性、竞争者业务的分析能力、举办过销售活动的鲍尔默，更加如鱼得水般展现出他在营销方面的爱好与才能，只要参观过超级市场，他就想得出简单又有用的点子。鲍尔默发现，只要将布朗尼预拌粉的盒子转个面，将标签印成横的，就可占据更多陈列架空间，以此把竞争品牌挤掉，这真是聪明的一招。

1979 年初，鲍尔默觉得在宝洁工作得够久了，况且计划同年进入斯坦福秋季班就读，于是他决定到好莱坞逛逛。一到那里，鲍尔默就联系上哈佛校友杰夫·沙甘斯基，当时他正在哥伦比亚广播公司工作。沙甘斯基安排鲍尔默负责录影间的字幕工作，也充当该广播公司举行的名流宴会的泊车小弟。这时鲍尔默想，反正已经到了西海岸，何不北上西雅图，看看昔日好友盖茨的新软件公司弄出了什么名堂。盖茨看来混得不错，于是鲍尔默便返回加州，满怀希望和信心地到斯坦福商学院注册，同届共 260 人，如果一切顺利，大家将在 1981 年毕业。

斯坦福同学眼中的鲍尔默与哈佛同学看到的大同小异："大嗓门"、"疯狂"、"拼命三郎"。当然鲍尔默对这些评语都当之无愧，他是个非常有竞争力的人。在斯坦福商学院的第一年，他参加两项奖金各为 1 万元的竞赛，结果双喜临门，接着是选择暑期实习的时候。

关键思维

鲍尔默身处在宝洁才华横溢的人群之中，

尽可能地圆融处事，这群一起拼命工作的年轻主管，后来都在其他领域闯出一片天。斯科特·库克后来成为财务软件公司 Intuit 的共同创办人，该公司以 Quicken 财务软件知名，库克现亦为宝洁公司董事。另一位同事则是杰夫·伊梅尔特，现为通用电气 CEO。鲍尔默结识酒友戈登·塔克时，塔克正负责品客薯片，他后来创办了电子贺卡公司。在鲍尔默离开后，史蒂夫·凯斯加入宝洁，他后来成为美国在线 CEO，其后出任新组建的美国在线-时代华纳董事长。美国《商业周刊》指出，品牌价值已以不可阻挡之势成为企业珍宝，凡接受品牌管理训练的人，自然更有影响力。鲍尔默显然占尽天时、地利与人和。

——弗雷德里克·马克斯韦尔

我到福特汽车面试过，也和几乎所有投资银行谈过。父亲对我能进入商学院相当兴奋，他说："将来回到家乡，在汽车界工作，那真是太好了。”其实一点也不好，到了 1980 年，美国汽车业根本一蹶不振。

——史蒂夫·鲍尔默

过人决心

正当鲍尔默为暑期实习伤透脑筋时，老友盖茨希望他能到西雅图帮忙处理相关业务。起初鲍尔默对此兴趣不高，因为他只想简单找个暑期实习打工的机会。

关键思维

左思右想，最后我决定接受盖茨的邀请。我对自己说：“盖茨给我的唯一印象是，他绝对算我认识的人当中最聪明的一个，而且他比我热情，更知道自己要什么，他是个不达目的绝不罢休的人。比我更专注，知道自己在做什么，思虑又缜密，一旦决定了就会全身心投入。”所以至少我会为一位真正棒的人工作，再说和朋友共事

一定很有意思。

——史蒂夫·鲍尔默

鲍尔默是微软的第 28 名员工，第一个头衔是总裁助理。他加入时，微软营业额为 1250 万美元，所有会计记录都手工写在账簿上……微软正被许多问题搞得焦头烂额，包括著名的员工因薪水过低向州政府申诉、最后员工胜诉的事件，这着实令盖茨很懊恼。

关键思维

微软本质上是由程序设计师组成的公司，外界戏称这些人为“程序猿”，鲍尔默和这群人根本格格不入。有位程序设计师看到盖茨签署的合约中约定，付给鲍尔默 5 万美元年薪（比他们还多），外加 5%～10%的业主股权（他们啥都没有），于是便在办公室公告栏张贴这份合约并注明：虽然鲍尔默是哈佛毕业的，但“程序猿”也非省油的灯。他们甚至怀疑鲍尔默对业务的了解程度，毕竟他花了一年半时间在卖蛋糕预拌粉，又在商学院念了十个月。不只如此，他们还认为鲍尔默不懂技术，微软可是一家以技术立身的公司。

——弗雷德里克·马克斯韦尔

面对批评和质疑，鲍尔默毫不理会，毅然无畏地北上西雅图报到。他的办公地点是盖茨办公室的长沙发；他在公司的角色是处理运营相关事宜，如招募人才、会计和法务；还未找到住处前，鲍尔默借住盖茨家。不过才几周的光景，他便萌生辞意。

关键思维

盖茨和鲍尔默大吵一架。鲍尔默很快意识到，公司至少还需要50个人才能处理完手头上的合约，加上他有话就说的直性子，让盖茨更为火大。鲍尔默以他的招牌动作正面迎战盖茨，完

全无惧他的愤怒。盖茨对鲍尔默的态度和反应颇不习惯，于是大声吼道："你要害我破产啊!"鲍尔默于是离开。后来盖茨的父亲居中调和，盖茨的态度开始软化。经过了这些磨合，回来后的鲍尔默便下定决心要成为公司不可或缺的员工。

——弗雷德里克·马克斯韦尔

开启微软工作生涯

精准的识人天赋

鲍尔默立刻就包办微软最重要的工作——人才招聘。这份工作与他的性格完全合拍，他开始寻找具备“高度智慧、精力和干劲”的员工。他的用人哲学非常积极而有闯劲，且目标明确。

关键思维

只要一遇到对的人，马上弄进公司。公司有人事预算吗？管他呢！有些人你一辈子只会碰到一次，干吗要那么啰唆！雇用新人一直都是挑战，我来公司的头三年，除了面试每位新人外，几乎没干过其他事，任何新人都不可未经过我而被雇用，因为我就是人事部。我们认为应该建立一种公司文化，就是确保找来的每一个人都超聪

明、超有进取心，这一点很重要。

——史蒂夫·鲍尔默

鲍尔默录用了一名叫查尔斯·西蒙尼的匈牙利人，没想到通过这个人竟意外收获了一群优秀的程序设计师，这些人都是编程高手，曾写过无数有效率的程序，以供内存有限的机器使用。这些程序设计师后来成为微软的大功臣，鲍尔默也由此很快构建出一些有用的面试策略。

关键思维

鲍尔默对电脑程序的了解，就如同我对游艇竞赛的了解一样相当有限。不过他非常懂得识人之道，他每次都问程序设计师有关散列表的问题。散列表是极有效的数学工具，可用于电脑储存与处理指数。我把散列表介绍给鲍尔默，尽管他不太懂，却能分辨答案的对错。

——理查德·布罗迪，微软资深员工

歪打正着，操作系统独霸一方

鲍尔默来微软工作六个星期后的某一天，IBM 致电盖茨，询问操作系统软件是否适用于他们正在研发的一种微型计算机。于是，盖茨、鲍尔默及一位微软程序设计师从西雅图飞到迈阿密与 IBM 的人会面。两天的交涉过程中，双方同意由微软提供 IBM 四种高阶程序设计语言（BASIC、FORTRAN、COBOL、PASCAL），外加一种磁盘操作系统。微软可持有所有软件版权，并授权 IBM 应用于新的微型计算机上。1980 年 11 月 6 日，双方正式签订合约，微软须按合约于 1981 年 1 月 12 日交付操作系统软件。

当时唯一且最关键的问题是，微软根本没有可供个人电脑使用的操作系统，在这上面没有丝毫的可循经验。幸运的是，艾伦知道要去哪儿弄到软件。艾伦联络蒂姆·帕特森，他在西雅图计算机产品公司担任程序设计师，不久前刚完成一套名为 QDOS 的操作系统设计。鲍尔默和盖茨

去见帕特森的上司罗德·布洛克，最后双方同意微软公司支付7.5万美元，获得该软件授权。当然，他们并未透露这套软件将使用在IBM个人电脑上。就这样，西雅图计算机产品公司的同意出售，为微软换来了三个月时间，在QDOS基础上进行修改，使之摇身一变成为众所周知的MS-DOS。

关键思维

IBM搬了九台半成品电脑连同一份指令来到西雅图，要求微软无论如何都不可将系统外泄。鲍尔默将这几个“盒子”搬到一间约三米长、两米宽的储藏室，这里也是微软的第一个“地狱”；程序设计师在这间没有窗户和通风设备的房间里工作，房内温度常超过38℃。IBM对这群微软小伙伴紧张得要命，向他们提供保险柜并要求所有文件都得锁在里面，工作时必须关闭着房门。有次IBM来访，结果不凑巧发现储藏室的门竟是开着的——当然是为了流通空气。又有一次，鲍尔默接到一位 IBM 人员来电，寒暄一阵子后，鲍尔默问及博卡拉顿（IBM 研发中心所在地）的天气如何。这位高级主管回答说不清楚，因为他已在西雅图了，马上就到。鲍尔默在走廊上狂奔，高声喊道："把门关上！保险柜上锁！他们来了！"

——弗雷德里克·马克斯韦尔

程序设计师夜以继日地扑在 MS－DOS 上，每天工作 18 小时十分正常，但最终微软还是晚了一个月交货。幸好这项目还有其他部分延误了进程，所以微软并未造成 IBM 的大问题。

重组公司，奠定微软帝国

当微软所有的项目都在如火如荼进行中时，鲍尔默却强烈要求盖茨进行公司重组。当时公司仍维持合伙性质，盖茨持股 64%，艾伦为 36%，鲍尔默希望由合伙改为股份性质，这个愿望终于在 1981 年 7 月 1 日实现。盖茨持有重组后的

53％股份，艾伦31％，鲍尔默8％，西蒙尼1.5％，其余的6.5％分给元老级程序设计师。这项新做法引起轩然大波，原因是重组将多位职员排除在外，包括许多新进员工。

鲍尔默仿效苹果电脑的做法以解决此问题：提供认股权给未分到股票的员工。四年内，每位员工有权以每股95美分，购买2500股微软股票。认股权的做法着实高明，一来微软不用花半毛钱就能让员工产生归属感。也可用来“利诱”新进员工，要求他们为公司服务五年乃至更久后才准行使买卖权利。认股权还有别的好处，就是税额比现金所得低三分之一。

1981年8月12日，IBM对外发布其个人电脑产品后，立即成功跃为个人电脑的行业标准；换句话说，微软MS－DOS软件也成为标准操作系统。1981年11月13日，盖茨和鲍尔默举行第二次全公司会议，西蒙尼提议，微软不能止步于仅仅开发系统软件，还应该将覆盖面延伸至个人电脑应用软件，并建议微软开发试算表、文字处理、电子邮件和电脑辅助设计等软件。

关键思维

当年 Visi Calc 视觉计算机是最热卖的应用程序，它提供的电子试算表广受大众喜爱，然而只适用于第二代苹果电脑。这时有家名为莲花的新程序公司，正准备推出名为 Lotus 1-2-3 的试算表，这套软件却能用在 IBM 及与其酷似的个人电脑中。盖茨和鲍尔默发现情况果然如西蒙尼所料，只要做出对的应用软件，一定能大获其利。微软奋起直追，开发出打败 Visi Calc 和 Lotus 1-2-3 的软件，于是 Excel 横空出世。同时，微软还在继续改进 MS-DOS。要如何让大家舍弃 Lotus 1-2-3，而改用 Excel 呢？让产品更好是一种方法，只是微软不擅此道；另一种方法，则是让微软耍一下商场上的“小伎俩”。有项报告指出，微软的程序设计师曾模仿盖茨的口

吻称："DOS 完成的那天，就是 Lotus 无法在 DOS 运作的时候。"只要在操作系统程序上动点手脚，这些"程序猿"就可让别家应用软件速度变慢。

——弗雷德里克·马克斯韦尔

正当 IBM 个人电脑及其追随者日渐盛行之际，盖茨和鲍尔默也想出了一套巧妙的定价制度。他们允许电脑制造商以无波动价 5 万美元取得 MS-DOS 使用权，想用来制造多少台电脑都没关系。如此一来，多数制造商都会采用 MS-DOS 作为默认操作系统，也因此创造了微软无人能出其右的行业标准。

微软双帝王

打造微软品牌

微软的惊人成长使鲍尔默和盖茨意识到引进更多有丰富管理经验人才的必要性，鲍尔默本人甚至萌生回斯坦福完成 MBA 学业之意。无奈，公司成长衍生出的问题太急迫，于是微软决定雇用一位总裁来打理公司，猎头公司向微软推荐 40 岁的詹姆斯·汤恩，美国泰克科技原部门主管，曾管理 7500 名员工，营业收入达 7.5 亿美元，结果汤恩做了不到一年就辞职。

同时，艾伦在前往欧洲接洽业务途中生病，经诊断他罹患何杰金氏病，这是一种癌症。虽然经过治疗病情已缓和，但艾伦趁此机会辞去微软职务，从此微软几乎是盖茨和鲍尔默二人的天下了。

关键思维

微软品牌知名度并非一蹴即成，其得益于鲍尔默大力支持、大举推行的密集且时而高压的营销活动。1983 年 11 月，微软在纽约广场饭店举行第一场营销活动，当时就大张旗鼓地宣布，将推出名为“视窗”的软件，至于何时推出则只字未提。微软认为，宣布一件真实却还未完成的东西无伤大雅，当时行业内几乎没人能料到，这一等就是两年，这样的时间对电脑科技来说等于是一辈子。最后视窗系统终于问世，却偏偏一副寒酸相。

——弗雷德里克·马克斯韦尔

不论是否有意，微软的伎俩的确令人咋舌。外界还送给微软一个新封号“吹牛件”，即早已宣布却迟迟不推出软件。如微软抢先宣布 MS - DOS 图形化界面版本即将上市，这样即可有效遏止竞争对手做相同的事。这项宣布也让其他软件业者战战兢兢，因为他们必须改写软件才能在视窗而非 MS－DOS 环境下顺利运转。更狠的是，只有微软才晓得产品要多久才能问世，其他人都只能瞪眼干等。

除了这些引起争议的营销做法外，微软还借用宝洁等公司屡试不爽的方法。第一版 DOS 叫做 MS－DOS，可是消费者并不知道 MS 的含意。于是，微软开始为所有产品正名，首先将 Windows 改为微软 Windows，Excel 改为微软 Excel，至于新的文字处理包软件，则更名为微软 Word，以此类推。这样只要微软一推出自己的产品，就可再一次为公司“唱响”品牌。

与 IBM 交手的“御熊哲学”

盖茨指派鲍尔默负责视窗上市、招聘人员和营销，除此之外还负责维护与 IBM 日渐棘手的业务关系。事实上，为削弱微软在软件市场的地位，IBM 于 1985 年夏季宣布将开发名为 OS/2 的新操作系统。即便微软将参与研发过程，但理论上仍由 IBM 主导。

鲍尔默这次用独特的方式描述他的策略。

关键思维

基本上，我们就是企图骑在熊背上。IBM是那只熊，我们必须试着在熊背上坐稳，有时熊会扭动身躯想甩开我们，可是我们终究会如愿，因为熊是最笨重的动物。更重要的是，你绝不能离开熊，必须时时谨慎地与之为舞，否则就会被踩在脚底。IBM正是电脑界的熊，我们正试着骑在熊背上。所以我们说："骑熊原非我意，我们又算哪根葱？只不过是一群在华盛顿州西雅图市的朋克小子罢了。因此我们不会去挑战熊，只会坚守本分、尽力而为。"

——史蒂夫·鲍尔默

尽管与IBM的关系日渐恶化，盖茨仍认为1985年底是微软上市的好时机。于是许多人蜂拥而至，吵着要以未上市的价格买进微软股票。

当时的微软已有 998 名员工，包括 326 名产品研发人员，402 名销售与营销人员，113 名制造分销人员以及 157 名财务行政人员。1986 年 3 月 13 日，微软首次公开上市，鲍尔默持有 1710001 股（约 7.5%），他将 33666 股送给父亲。股票上市当天以 25.75 美元开盘，收盘价为 27.75 美元，换句话说，盖茨的身价为 3.11 亿美元，艾伦为 1.77 亿美元，鲍尔默 4700 万美元，他的父亲也赚进 100 万美元。

两手策略、树敌无数

苹果电脑决定成立专职小组，负责说服独立软件开发业者为 Mac 写程序，鲍尔默对此颇为欣赏，便仿效苹果电脑的做法，成立微软开发者关系事业部，由卡梅伦·梅尔沃德负责。鲍尔默还想出一个点子，令软件开发业者可以放心大胆地公开其应用软件是怎么“出炉”的。他的说法是微软有道“牢不可破的高墙”，负责隔开写应用软件的人和写操作系统的人。

关键思维

鲍尔默对《商业周刊》说："我们的操作系统与应用软件泾渭分明，好比教会与国家互不干扰一样。"但问题是，那层隔阂根本不存在。鲍尔默是系统程序的头，他最亲爱的朋友盖茨则领导应用程序。事实上，鲍尔默和盖茨的下属经常交换意见，以确保微软的应用程序在视窗上有最好表现。惊讶吧？这是因为，微软的操作系统是使用一种名为"隐藏式应用程序界面"的方法，应用程序界面是整合至操作系统内，让操作系统对应用程序的指令做出回应的程序。假如不知道所有应用程序界面在哪，程序执行速度就会比较慢，也较容易出错。软件开发者对和微软合作都非常小心，时时不忘其所开发软件与微软操作系统的"契合度"，不过如今 MS - DOS 和视窗已独霸个人电脑操作系统，也就没得选了。

——弗雷德里克·马克斯韦尔

微软“积极”的生意之道，让越来越多的公司怒火中烧，其中一句名言出自 3Com 创办人鲍勃·梅特卡夫：“和鲍尔默合作，就像是和黑寡妇蜘蛛约会。”苹果电脑控告微软，指控视窗软件的“外观和内在”与苹果操作系统相似……这些负面报道使微软股价狂跌，鲍尔默则凭一人之力撑住股价——以个人名义借了 4620 万美元，在公开市场上买进 945000 股微软股票。不过对个人净值超过 1.5 亿美元的人来说，借这点钱算不了什么，由此看来，他对微软的忠诚确实毋庸置疑。

嗅出网络商机，后来居上

诉讼不断

1991 年，美国联邦贸易委员会对微软商业行为展开正式调查。委员会怀疑，微软和 IBM 串谋一起操纵操作系统的软件市场。此外，联邦贸易委员会同时也针对太阳微系统和网威等公司的指控，对微软进行调查。这些公司指出，微软向电脑原设备制造商生产的每部机器收取权利金，而不管机器是否使用微软系统软件，这种行为涉嫌违反公平竞争原则。

经过三年多的调查，联邦贸易委员会驳回对微软的控诉。然而在那段时间，整体局势也出现大幅改变。起因是 1993 年底鲍尔默（此时升任销售与营销执行副总裁）开始加入哈佛监事会（掌管哈佛校务的理事会，1992 年鲍尔默入选为监事）。他发现每位哈佛学生，都在叽叽喳喳地讨论一个叫做“互联网”的东西，可是就在几年前，盖茨还定调称“互联网完全不是重点”。于是此时的鲍尔默意识到有必要重新思考这个议题，有必要与高层主管讨论互联网是否真的不值得一顾。

最后，微软决定进入互联网领域，但同时发现早已有公司捷足先登并稳居霸主地位，这就是由吉姆·克拉克与马克·安德生共创的网景公司。

关键思维

面对网景的威胁，微软采取一贯伎俩，就是先向对方示好，表明对对方的做法有兴趣并有意购买，这方法曾骗过网威等公司。同时，微软设计要“切断敌人的命脉”——在后续的反垄断审判中曾反复出具的恶名昭彰证据。微软的策略是，将互联网搜索引擎整合至视窗操作系统，再

免费提供产品，不过微软可借此左右使用者如何上网，并倾向指引使用者尽量到与微软关系密切的网站。这正是所谓的搭售，因为所有技术语言都被绑在一起，如果你想使用视窗，就必须一并使用搜索引擎。鲍尔默很清楚，IBM 曾被禁止用硬件捆绑软件，也和政府签署过判决同意书，保证不会犯错。事实上，此举造就了 1968 年的独立软件包行业，也促成了如微软类公司的诞生。简单来说，如果你在某方面取得垄断，就不得再利用这项优势，强迫消费者购买另一个领域的产品。微软在打什么算盘呢？只是秉持一贯作风，确保收入源源不断，而微软当年的年营业额已超过 100 亿美元了。

——弗雷德里克·马克斯韦尔

另一场人生风暴

反垄断诉讼最后以一纸同意判决书收场，微软同意改变对电脑制造商收取操作系统费用。签署这项同意书的联邦法官是托马斯·杰克逊。三天后的 1995 年 8 月 24 日，微软视窗 95 上市，这是微软的一大成功，他们将软件版本升级炒作成又一新闻事件。两个月内，微软卖了 7 万多套新软件。更惊人的是，他们当时已占据操作系统软件市场的九成了。

当然，视窗 95 的成功，再度引发微软是否有自我图利之嫌。此外，没多久评论家便指出视窗 95 的技术限制及利用“软件绑软件”的做法，双方各持己见地争论了好几年。另一方面，鲍尔默的私人生活急剧变化，1997 年 4 月，他的双亲均罹患肺癌，鲍尔默休假三个月陪在母亲病榻旁，母亲仍不治离世，于是他和妻子康妮便在自家附近盖了一座房子让父亲居住，并在妹妹雪莉的帮助下照顾父亲。

1997 年 8 月，鲍尔默重返工作岗位，但他似乎花了一段时间才进入状态。他在接受《华尔街日报》专访时说：“我们公司真的值 1800 亿美元吗？这真的超乎我的想象，我认为这不是真的。

当然，微软是家好公司，有着很好的业务，人人也都很称职，可是我们也许不值1800亿。”

事实上，多数人认为，当时的鲍尔默很想辞去微软的职务，但此意被盖茨未来让他接任微软总裁的承诺打消。

关键思维

《华尔街日报》记者大卫·班克说：“盖茨曾告诉助理，鲍尔默成为CEO的机会渺茫，因为要担任大型软件公司的CEO，必须具备更深入的技术知识。不过鲍尔默的组织能力和经营技巧不容置疑。”自从加入微软后，鲍尔默一直在修补微软的组织结构，这无非是为了让人人适得其所。

——弗雷德里克·马克斯韦尔

同时，微软的商业行为也招致了越来越多的诉讼。太阳微系统告微软违约、侵犯商标权、刊登不实广告、进行不公平竞争和干预。两个星期后，司法部提起诉讼，诉称微软违反 1995 年签署的判决同意书。“后知后觉”的微软，以“顽固的无知”为对策，对垄断的指控一概否认。

关键思维

1998 年，司法部提起诉讼的几天后，鲍尔默让这一事件雪上加霜。在圣何塞某场为小型企业主举行的会议上，他大声咆哮：“珍娜·雷诺（美国司法部部长）去死吧！”鲍尔默肯定无法当上国务卿，因为国防部可承担不起他暴跳如雷的后果。

——弗雷德里克·马克斯韦尔

摆在杰克逊法官面前的案子，因微软呈送来的资料而越来越有名。新闻界兴奋极了，声称这些资料无疑显示出微软的傲慢及自认为凌驾于法律之上。1998 年 7 月 28 日，当案情迂回曲折之际，鲍尔默被任命为微软总裁，同一天正是视窗 98 上市的大喜之日。

分裂危机

“比尔派”与“史蒂夫派”选边站

当上微软总裁的鲍尔默首要任务是投入更多精力来发展互联网。他称这个伟大新策略为“. Net”，并试图在公司内部炒热气氛。可如此一来却引起了公司内部权力斗争，几乎每位微软员工都必须选择投靠行之多年的视窗（“比尔派”），或是以网络为基础的新策略（“史蒂夫派”）。

关键思维

“比尔派”的人就像盖茨一样，希望每件事都不需面临取舍问题，“史蒂夫派”的人则像鲍尔默，晓得如何大公无私地排定优先顺序，并牺牲可有可无的事物。“比尔派”认为要想赢几乎完全靠策略，“史蒂夫派”则比较信赖操作执行。盖茨的爱将往往是以技术挂帅，鲍尔默的忠臣则较精于收益、营销和顾客服务。

——大卫·邦克，《透视微软》作者

最佳拍档，化解危机

盖茨和鲍尔默除了一起经营微软，也共同从事慈善活动。最高纪录是共同捐赠 2500 万美元给哈佛建造新的电脑科学和电子工程大楼，并以各自母亲的姓氏将大楼取名为“马克斯韦尔-德沃金电脑中心”。

在这种合作精神的感召下，鲍尔默也发现了一种方法可以将网络服务概念与盖茨最擅长的“到处皆视窗”做法相结合。他不想把“.Net”包装成另一个视窗，而想将其服务化，就像有线与电视机一样。如此一来，微软还是可以如常销售软件，顾客也可以利用网络下载租用新软件，并定时获得升级服务。这种双赢的解决方案不仅促成公司团结，而且在合法性上也无可挑剔。毕竞，公司若在新开发的商业领域里不占据垄断地位，就没必要将公司拆散了。

对于一波波人才流失，鲍尔默采取明快做法，他让想离职员工从事其他尖端领域中有趣的计划。人才流失是一个相当普遍的问题，对微软也是如此，因为认股权使微软4万名员工的30％成为百万富翁，这些人已有了离开微软的本钱，可以随心追求自己的理想——在其他尖端领域从事有趣的冒险。对此，鲍尔默采取快速、有效且相当实际的处理方式，他成立了一个名为“微软人旧同事”的正式组织，让离职员工获得公司定期活动、动态及职位空缺等信息。

微软 XP 扭转未来

反垄断风波再起

2000 年 1 月 13 日，鲍尔默被任命为微软 CEO，五个星期后，他的父亲因肺癌去世。不到半年（2000 年 6 月 7 日），杰克逊法官对反垄断案作出裁决，要求微软必须将价值 6000 亿美元的公司拆分为两个公司，一个为操作系统公司，另外一个为软件公司，微软股价在同一天应声下跌超过 15 美元。鲍尔默和盖茨赶忙救火，宣布微软将上诉，同时，鲍尔默也开始宣扬他的“. Net”理念。

关键思维

视窗不会消失，不过为了充分运用新的软件技术，我们需要建立“. Net”平台。“. Net”的前途极被看好，虽然还不晓得会带来多少收益，但商机确实可观。我们会和第三方合作，以确保相容性。

——史蒂夫·鲍尔默

尽管鲍尔默和盖茨使尽浑身解数，微软股价依旧持续下跌。2001 年 6 月 28 日，在美国上诉法院驳回杰克逊法官拆分微软的裁决前，微软股价已从每股 119 美元的高点，跌到只剩一半。虽然上诉法院确认许多事实证据为真，却不同意提议的制裁措施，于是上诉法院指示案子应转给较低的法庭审理（并且随机挑选法官），由其决定更适当的惩罚。接着“九一一”恐怖袭击事件发生，事情又有转机。联邦法官柯林·科勒科特利建议，微软和司法部应尽快将案子了结。

带领微软朝网络领域冲刺

案子峰回路转，微软业务依旧继续进展。公司宣布最新版视窗“视窗 XP”将于 10 月 25 日上市。出人意料的是，XP 的上市竟然没有延迟，而且这套新软件非常好用，微软完全没有言过其实。上市两个月内，视窗 XP 就狂销 700 万套，鲍尔默也荣膺《商业周刊》“2001 年 25 大 CEO”之一。

鲍尔默也开始以微软 CEO 的身份大力推行政策，强烈要求公司更积极朝网络方向发展。尽管如此，他依旧非常平易近人。

关键思维

鲍尔默向来实行开门政策，任何人都可走进他的办公室讨论任何事。因此，即使是在产品经理底下工作的最基层员工，仍会觉得鲍尔默才是顶头上司。有一次他突然走进我的办公室，询问我正在进行的工作。不到五分钟，他马上抓到重点，而我的项目经理花了两年时间还摸不着头绪。我想，这家伙真不是徒有虚名，让我深受启发。大家都说盖茨是个令人望而生畏的人，鲍尔默则是个令人想为他卖命的人。确实如此，我愿意为他赴汤蹈火。

——卡梅伦·梅尔沃德，微软员工

微软二当家到底是什么样的人

这位全世界最大软件公司的CEO，会给未来带去什么？

关键思维

微软没有违反反垄断法，而且拿得出确凿证据。价值观对微软具有非同寻常的重要性，我很重视公司是否严守法律。真的，我也经常这样教我的孩子。过去25年来，我们一直思考身为一家积极进取的小公司，面对大公司时该如何应付，即使一路走来，我们也成了一家大公司。我们骨子里仍保有追求第一的热情，或许这份热情有时被曲解了。我认为这些日子以来，大家专注一致的目标，或者我自己专注的目标，完美展示出我们与公司的同德一心。过去三年的诉讼，有人问我们学到了什么。那就是我们认清了业界并不支持我们，因此我们需要改变与业界的关系和互动方式。

——史蒂夫·鲍尔默

早年鲍尔默会和我一起去拜访客户，开车途中，他会将收音机调频到“金曲四十排行榜”，并将音量转到最大，把仪表板当作鼓来打拍子，这是他发泄精力的方法。他的精力惊人，即使生病也只是稍减。鲍尔默会激励员工做到最好，也很懂得欣赏员工的努力。我能从鲍尔默那里得到最好、最重要的建议。他很容易获得员工的忠心和爱戴，因为他让人觉得他也会以忠心和爱护相回报。20 世纪 80 年代，公司并未提供任何培训，也未建立健全的制度。我到公司几个星期后，有一天鲍尔默问我一个问题，我不会回答，于是他说：“这样是不行的，这是你的工作，你应该要懂才对，你一定要懂，我要你成为公司这方面的专家。”和鲍尔默开会有两种形式，一种是他拼命讲，另一种则是我拼命讲，后者是我讲解新议题

给他听，他会静静地听，别人的话他一向听得进。接着他多半会说出自己的观点。当他想知道商机在哪儿时，会问："市场在哪里？我们如何最快、最轻易进入？"鲍尔默总是很有逻辑概念，而且从不前后矛盾，所以他要我们人人都跟他一样。

——卡梅伦·梅尔沃德，微软员工

提到微软功臣时，人们总是会想到盖茨和艾伦这两位创办人。但让微软从员工不到 30 人增加到约 5 万人，年营业额从 1200 万美元增加至 200 多亿美元，从有限的现金存款增加到 360 亿美元现金的，却是盖茨和鲍尔默。这两人是公司的共同领导人，也是左右大脑，根据不同状况合作无间。他们是新经济中最有力的组合，也是软件界合作时间最长的伙伴。

——弗雷德里克·马克斯韦尔

鲍尔默最伟大的成就，恐怕是"忍受"盖茨 20 多年之久，这一点不仅艾伦办不到，任何微软人也办不到。事实上，鲍尔默是微软最资深的员工。在反垄断案审理及上诉期间，艾伦二度辞去微软董事职位，并悄悄卖掉 1.3 亿股，如此一来也使得鲍尔默成为公司第二大个人股东，拥有约 2.4 亿股。

——弗雷德里克·马克斯韦尔

形容鲍尔默的词多到数不清，有“经验丰富”、“具高度竞争力”、“工作努力”、“无情”、“欺负弱小”、“大嗓门”、“反应灵敏”、“受不了笨蛋”、“批评起来不留情面”。他也是微软“总教头、啦啦队、职业杀手”，像“激光般高精度瞄准目标”。太阳微系统共同创办人，也是 Java 语言共同发明人的比尔·乔伊告诉我：“盖茨生气时火冒三丈，鲍尔默生气则是到了神志不清的地步。”某位前任高级主管说：“他的影响力渗透至微软每个分子中。”经济学家说他：“疯狂……能以无情的动力，快速将火扑灭，为使微软顺利渡过反垄断诉讼的难关，他足够刻薄，也下了足够的狠劲和决心，这就是鲍尔默的所为。”

——弗雷德里克·马克斯韦尔

谁说大象不能跳舞

让 IBM 改天换地的郭士纳

Who Says Elephants Can't Dance

Inside IBM's Historic Turnaround

原著作者简介

路易斯·郭士纳（Louis Gerstner），1993年4月至2002年3月，担任IBM公司董事长兼CEO。郭士纳毕业于美国达特茅斯学院及哈佛商学院，曾在麦肯锡管理咨询公司创造了奇迹：28岁成为麦肯锡最年轻的合伙人，33岁成为麦肯锡最年轻的总监。加入IBM前，郭士纳曾任美国雷诺兹-纳贝斯克公司董事长兼CEO一职四年，及美国运通公司董事长兼CEO十一年。

本文编译：庄安琪

主要内容

带领 IBM 扭转乾坤的舵手

郭士纳担任 IBM 董事长兼 CEO 的九年中，彻底让 IBM 脱胎换骨。在郭士纳临危受命接掌公司之时，IBM 因电脑产业迅速变化已濒临分裂边缘。然而郭士纳和经营团队非但不遵循多数分析师的建议将公司解体，反而决定维持公司的完整，并重现昔日影响力。不论是用哪种标准来衡量，郭士纳带领下的 IBM 重振都是商业史上反败为胜的经典。

因此，大象能跳舞吗？换句话说，大象级的公司能否灵活到与蚂蚁般行动迅速、极富创业精神的公司竞争？让郭士纳和 IBM 告诉我们答案。

关键思维

我从没见识过不想成为大公司的小公司，也

没见识过不艳羡大公司运营规模和营销势力的小公司。组织大有其重要性，可以善加利用其规模。有了广度和深度，才能做更多的投资，承担更高的风险，也才能“耐得住寂寞”，以等候长时间的投资获利。大象能不能赢过蚂蚁并不是问题，某只特定大象会不会跳舞才是问题。要是大象会跳舞，那么蚂蚁最好离开舞池。

——路易斯·郭士纳

第一阶段　四项关键性决策

1993 年 4 月 1 日，郭士纳接任 IBM 董事长兼 CEO，其前任留给 IBM 的空前亏损记录如下：

IBM年度营业收入情况	
营业收入	627亿美元
收益	损失81亿美元
每股盈余	–3.55美元
股价	12.72美元

当时，媒体称郭士纳“一只脚已经迈进了坟墓”，他本人也深切认识到自己将面对世界级的挑战。郭士纳不但是以门外汉的身份接手这个电脑业巨人，而且当时的 IBM 正处于危急存亡之秋，当时 IBM 的负债高达 160 亿美元，是公司历来之最。多数产业分析师都质疑 IBM 是否能以现有运营方式继续生存，并一致认为 IBM 必

须重组或解体为数个独立事业群，否则不足以支撑下去。

迫于压力的郭士纳并未仓促作出决策。加入 IBM 后，郭士纳花了三个月左右时间来了解公司的一切。光是公司的运作规模就叫人咋舌：IBM 全球正式员工高达 30 万人，各地区分支单位和产品部门本身就是庞大的事业体。IBM 的研究实验室更是业界翘楚，仍有许多正在开发中的先进科技，每一项都需投资数亿美元用于研发。

1993 年 7 月，郭士纳作出四项关键性决策：

四项关键性决策

❶ 维持公司完整，不将其拆分为数家独立小公司。
❷ 改变、更新 IBM 的基本盈利模式。
❸ 改造 IBM 的经营方式。
❹ 出售低生产力的资产，以筹措资金。

维持公司完整，不将其拆分为数家独立小公司

IBM 成立之初的经营模式，就定为向顾客提

供完整的“整合包”产品——将电脑、软件、服务和支持整合为一。然而个人电脑的市场竞争却激烈得多，许多公司都只专精于市场的某部分，将整合工作留给顾客自行解决。郭士纳认为 IBM 不该走上那条路，应该继续扮演系统整合者的角色，专注为顾客提供完整解决方案，而非只是众多硬盘驱动器、个人电脑或操作系统公司中的一条小鱼而已。IBM 的规模和产品广度应是一种竞争优势。

改变、更新 IBM 的基本盈利模式

1993 年，IBM 营业收入与获利的最大来源是大型机业务，虽然这种盈利模式并无不妥，但 IBM 的支出却比竞争对手高出许多。举例来说，IBM 每创造 1 美元的收入，需要 42 美分的成本，对手却只需 31 美分，这意味着竞争对手若削价竞争仍有利可图，IBM 则不然。因此郭士纳决定推动大规模降低支出的计划，换句话说，就是要裁员 3.5 万人，并削减那些暗中蚕食 IBM 的费用和支出。

改造 IBM 的经营方式

到了 1993 年，IBM 的内部运作系统已显得笨重、累赘，花费高又缺乏效率。郭士纳迅速采取行动，更新 IBM 的存货制度、会计系统、产品执行系统、供应链与内部流程。

出售低生产力的资产，以筹措资金

为筹措周转资金，郭士纳出售部分 IBM 资产，并减少派发给股东的股利。IBM 出售了许多未开发的土地和不动产，包括公司总部大楼，也卖掉了不少公司专用飞机和艺术收藏品。

郭士纳在 1993 年 7 月 27 日的记者会上将多项改革措施公之于众。

关键思维

关于我何时才会为 IBM 提出一个愿景，外界有诸多揣测，但我要告诉在座诸位的是，IBM 现在最不需要的就是愿景。IBM 现在需要的是，每个事业单位去执行一连串切实可行、由市场驱动、收效显著的策略，也就是能在市场和股东价值方面产生优异表现的策略，这是我们正在努力的事。现在，第一要务是恢复公司的获利能力；第二要务是打赢顾客争夺战；第三，在市场方面，我们要比从前更积极拓展主从架构市场；第四，我们将继续当业界唯一提供完整服务的供应商；最后，我们正从多方面努力提升自我，包括更体贴顾客、加快周期时间、加快出货时间及提高服务品质，我统称之为“回应顾客”。

——路易斯·郭士纳

最初各界对这些措施的反应毁誉参半，大部分评论都把郭士纳的宣言解读为打算缩编公司，而没有任何根本变革之道。不去理会众人的猜测和批判，郭士纳作出许多坚定的决策支持他所提出的新方向，这些决策有：

◎继续投资大型机业务——即使大家都认为大型机的时代已经过去。

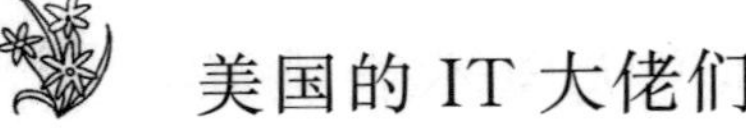

◎继续留在半导体事业中——为新一代 CMOS 的技术再投资 10 亿美元。

◎保护基础研究发展预算——容许 IBM 持续研发划时代的技术。

◎将 IBM 转型为市场导向型公司——过去 IBM 员工关注的是内部流程而非市场发展。

◎缩减董事会规模——加重董事会的责任，但也更注重管理。

◎打破 IBM 各地藩镇——以全球性的事业团队取而代之。

◎重振 IBM 品牌——整合 IBM 所有广告代理商为单一广告代理商。

◎重新制定薪资与奖励制度——以认股权取代薪水与福利，并依 IBM 整体绩效决定红利。

关键思维

整顿 IBM 的唯一之道就是“起而行”。我们

必须停止诿过塞责，停止鼓弄内部结构和系统。我不想听任何借口，不想见到任何让众人以为可以等到否极泰来的长期计划。我要求的，而且IBM也需要的，是强烈的紧迫感。

——路易斯·郭士纳

第二阶段　未来的两大赌注

截至 1995 年 12 月 31 日，IBM 年度营业收入情况如下：

IBM年度营业收入情况	
营业收入	719亿美元
收益	42亿美元
每股盈余	1.76美元
股价	22.84美元

关键思维

如果把 IBM 过去十年的转型故事化繁为简，会发现这场英勇冒险历程的主线是两大赌注：一是赌业界发展方向，二是赌 IBM 本身策略。

——路易斯·郭士纳

IBM 以 System/360 大型机为主要产品步上成功之道，配合这项策略，IBM 积极投向全新事业，每项事业的投资规模都高达数十亿美元。因此到了 20 世纪 90 年代，IBM 在半导体、硬件、软件、销售和服务支持等各项业务上早已发展完备，甚至是业界的龙头老大了。

不过到 20 世纪 90 年代初期 UNIX 操作系统出现后，许多只专精部分而非整体解决方案的公司有了市场存活空间，企业不再需要包揽一切业务。因此如太阳微系统、惠普、硅谷图形和西部数据等公司可以开始夹击 IBM 大型机系统，抢占 IBM 商机。同时，个人电脑制造商又主张，既然个人电脑称霸桌上世界，自然也可作为企业运算的基础设施。他们想象中的运算模式，叫做“主从关系”，“主”（客户端）是指个人电脑，“从”（服务器）则是指另一台电脑，负责储存无数资料并处理所有运算操作。

许多 IBM 的顾客都认为“个人电脑模式”

会成为主流，因此加入个人电脑行列。然而郭士纳领导下的 IBM，却选择了非常不同的道路，特别是对未来下了两个长期赌注，这两个赌注为：

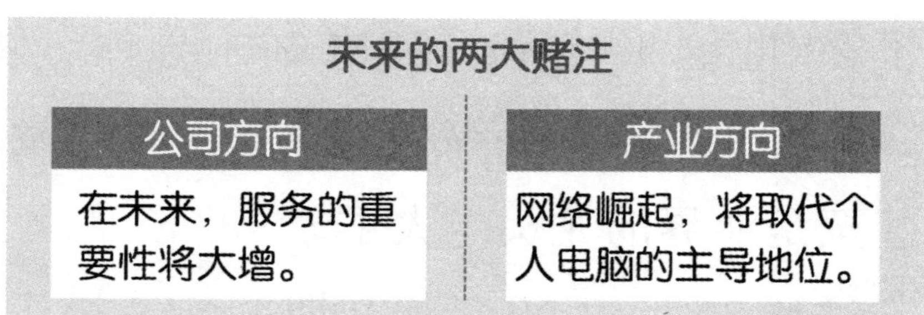

公司方向

IBM 相信，顾客对自行组合由多家供应商提供个别组件的电脑系统终将不耐烦。因此 IBM 认为，信息科技产业未来将会呈现服务导向而非技术导向。据此观点，只要是能提供完整“端到端”解决方案的公司，也就是能把各供应商技术整合进入作业流程的公司（而非提供零散个别组件的公司）会是最有价值的公司。

然而为使这项“服务业务”发挥效力，IBM 在满足顾客操作系统需求时，不得不建议顾客采用竞争对手的产品，而非 IBM 自家产品。要坦

然接受这种做法，对 IBM 这样封闭的公司来说，无疑是极大的考验，但若能做到，那么将会为 IBM 带来高额利润。1992 年，服务业务为 IBM 带进 74 亿美元的营业收入，到了 2001 年，则达到 300 亿美元之多。

关键思维

管理服务业务，和经营成功的商品型公司所需技能大不相同。在资产密集的 IBM，我们从未有过建立人力密集业务的经验。我们擅长管理工厂和开发技术，我们了解产品成本、存货周转率和生产过程，但对人力密集的服务业务则完全不熟。在服务型的组织中，不是生产销售产品，而是在卖能力、卖知识。只有在提供服务的同时，服务才会被创造出来，这种经营模式是不一样的，在经济方面更是南辕北辙。我们得赌自己在招聘、训练、薪酬等人力资源作业流程上都能应付得来，能每月任用 1000 人以上，即使我们从末试图达到这个数字。我们还得学着接受新的训练，像如何谈成诱人的条约、为我们的技术定价、评估风险、拒绝不好的合约和生意。你真正的赌注在于你愿不愿意投入时间和金钱，然后积累经验并形成态度和纪律，如此才有成功的可能。

——路易斯·郭士纳

产业方向

1994 年，被称为“信息高速公路”的互联网方兴未艾，科技产业已对“独立电脑是否会成为主流”讨论过无数次。IBM 认为电脑与网络的“合体”将取代独立电脑，成为最佳数据处理方式。

在互联网盛行的今天，这项决策看起来并不像是巨大赌注，但在 20 世纪 90 年代初期，这不啻为一场豪赌。IBM 放弃发展有绝对优势的专属技术，取而代之以有如“致命点”的开放式潮流，即推出和竞争对手相容的产品，不单让个人

电脑加入网络功能，同时也加入其他智慧型运算工具。IBM 赌的是利用网络执行业务的个人和企业会越来越多，连带促使运算工作负荷量增加，因此对大型电脑的需求会更多。

关键思维

网络化世界还有更深一层的含义，个人电脑将被挤出中央舞台。高带宽的网络很快就能让公司内部的大型系统和网络本身执行许多个人电脑的功能。管理这些流通自如的数字信息是十分困难的工作，当然不是台式电脑所能胜任的。那些工作量必须交由大型系统处理，这意味着除了网络设备需求将增加外，运算基础设施的产品需求也会大增。最后，信息世界的新地貌将改变技术决策者的身份。决策权会再度回到科技领袖和资深企业领导人手中，而这些人正是 IBM 所认识和了解的。届时，即使我们对这一切并非十拿九稳，但有种种迹象显示，至少理论上，运算世界正转往 IBM 的传统优势和资产能发挥所长的方向。我们必须做许多工作，并承受高度风险——从继续开放所有产品到建立服务事业。即使可能会遭遇一些全新的、动机强烈的领头公司的竞争和威胁，我们依旧觉得深受鼓舞。我们的命运将掌握在自己手中，我们正蓄势待发。

——路易斯·郭士纳

第三阶段　确立商业策略

截至 1997 年 12 月 31 日，IBM 年度营业收入情况如下：

IBM年度营业收入情况	
营业收入	785亿美元
收益	61亿美元
每股盈余	3.00美元
股价	52.31美元

IBM 确定了公司和产业的发展方向后，接踵而来的决策有：

确立商业策略

❶ 开拓世界上最大的软件业务。
❷ 出售顶尖技术。
❸ 收敛野心，不忘初心。
❹ 掌控电子商务先机。

开拓世界上最大的软件业务

1993 年，IBM 卖出的电脑软件比其他任何公司都多，甚至超过微软。当然这些软件都是为 IBM 电脑量身打造的，通常埋藏在 IBM 的大型机系统里以附加形式出售。尽管 IBM 是世界上最大的软件生产者，IBM 却从不认为自己是软件公司，对 IBM 而言，软件只是为销售硬件而不得不搭配的附带业务而已。

此外，IBM 为了要挽救 20 世纪 80 年代的决策错误，着手开发了新操作系统 OS/2，企图从微软那儿把操作系统控制权抢回来，结果却徒劳无功，市场冷淡。但这个案子却花费 IBM 数千万美元，更不用说为此付出的时间与精力了，郭士纳迅速结束这个个人电脑新操作系统的开发项目，认为这场战役已打完，何况这对未来“主从关系”的电脑新纪元无关紧要。

为了专注开拓 IBM 的软件业务，公司决定：

◎集合所有软件开发项目，交由一位高层主

管全权负责，由他决定哪些产品该发展，哪些该结束。而在此之前，IBM 依据不同地区需求，设有 30 间实验室，分别有 4000 种软件产品处于开发阶段，又分属 60 种不同品牌。

◎专心开发“中介软件”，如数据库、系统管理软件和交易管理程序，而非开发操作系统或应用软件。IBM 凭借中介软件的利基，建立起坚实的软件业务。

◎大胆并购。最引人瞩目的当属以 32 亿美元收购莲花公司，这次并购让 IBM 获得名为“Notes”的软件产品，并以 Notes 作为炸弹，立刻向软件市场发起猛烈攻击。Notes 能支持企业规模的电脑使用者之间协同工作，因此，IBM 一举夺下了企业网络市场。此外，为了涉足分散式系统管理产品领域，IBM 并购了帝华利系统公司。

由于这些努力，IBM 的软件集团获得极大成长，如今已成为世界上最强的软件公司之一，市场影响力数一数二。2001 年，IBM 软件集团营业收入为 130 亿美元（仅次于微软），贡献给 IBM 的税前盈余达 30 亿美元。

出售顶尖技术

IBM 一向拥有世界级的顶尖研究中心，然而在 1994 年之前，能使用这些研究产品的唯一公司就是 IBM 自己，郭士纳改变了这一切。自 1994 年 4 月起，IBM 研究中心开始向竞争对手销售技术。

表面看来此举并不合理，实际上却是正确的策略，原因是：

◎ IBM 研究中心开发的产品数量远超过 IBM 能将其商业化的速度，除非能销售这些科技，否则这些宝贵资产就毫无用武之地。

◎ 销售技术能增进 IBM 对业界未来发展标准与方向的影响能力。

◎ 销售 IBM 的技术，可回收部分巨大的研究支出，并创造新的收入来源。

◎售出的数字设备越多，可创造的电脑网络运算需求也就越多，而这正是IBM所擅长的。

◎通过销售技术，也使得IBM可从电脑产业外的产业获利，如电玩插卡。

IBM以技术授权给第三方作为起步，2001年，光授权费就为IBM带来了15亿美元的收入。同时，IBM也开始向索尼、任天堂等第三方销售技术组件和个性化微电子产品。

收敛野心，不忘初心

IBM一向致力于生产大型机客户所需的产品，从处理器到软件、再到支持服务等。大型机当道时，这当然没什么问题，但却树敌无数，这些竞争对手大多专精于产业的某个特定领域。因此，郭士纳认为，IBM应该和这些竞争对手结为伙伴关系，而非对立竞争。

比如在20世纪70～80年代，IBM开发出数据网络系统，这套系统可在全球范围内传送数据资料，随后IBM将其以50亿美元的价格卖给美国电话电报公司，也就是说，IBM 可向此公司提供服务，而非在电信领域与其分羹。同样，IBM 也把个人电脑销售业务移交给第三方和直销渠道，同时也撤出硬盘制造和存储芯片业务。

这样的“放手策略”也使 IBM 收获颇多：

◎自从 IBM 不再与专注在整个产业中小部分领域的企业正面为敌后，就减少了亏损。

◎可花更多的时间专注开发顾客真正想要的产品。

◎可以和更多公司合作，为顾客扮演中立的资源整合者。

◎释放出了更多资源，可以投资在公司原本就有强大竞争优势或有机会领先群雄的领域，如存储系统、生物信息技术、纳米科技等。

掌控电子商务先机

互联网的崛起完全符合 IBM 的“网络会取代独立电脑”的赌注，也符合所谓的“汇流”观念，此观念是指电信、运算和消费性电子产品，

最终会结合许多不同产业。同样意味深长的是，在互联网经济中，IBM 专精的中介软件将会举足轻重，因为这是整合一切资源必要的“黏合剂”。

在这种想法下，IBM：

◎ 重写所有软件，开启其互联网模式。

◎ 开始建立新服务业务，提供虚拟主机网络代管。

◎ 成立新的整合部门，扛起网络使命，向 IBM 所有事业部门宣扬网络策略。

◎ 在重要演讲场合及高层主管谈话中，有意强调“电子商务”的概念。

虽然 IBM 对全球数字通讯的未来抱持热情，但却从未卷入 20 世纪 90 年代末的电子商务热潮，反倒是专注在对所有 IBM 人的承诺上：把握毕生难得的良机，把事情做得更快、更有效率。IBM 也把这次机会视为重新打造整个企业的良机。

关键思维

当所有冠以“电子商务”之名的公司如流星般蹿升又迅速消失后，我们学习到什么？得到的教训又是什么？我想，对顾客而言，最重要的教训是不轻易分心、愿意埋头苦干的人终将有毕生难得的良机展现于眼前。这些人不仅能把事情做得更快、更好，更能去做以前无力涉及的事。对投资人来说，他们得到的教训是世上没有捷径。我想对许多人而言，电子商务（e－bussiness）中的“e”代表的是容易（easy），赚钱容易、成功容易、生活容易。当你一层层剥开到最后，电子商务依旧只是商务。真正的商务，得卖力地工作才有资格经营。对 IBM 来说，我们得到的教训是找回我们所失去的东西。我们找回自己的声音、信心和能力，相信能够再次引领业界前行。我们发出的信息能让顾客看清各种利益和价值，而这些是竞争同行并未详细说明的。电子商务的概念激励公司员工奋勇向前，也为公司数百种产品和服

务织出一张大网，经纬交织、脉络分明、前后连贯。网络运算的庞大新挑战再次激起 IBM 研究发展的活力，为我们公司的技术成就开启新的黄金岁月。最重要的是，我们的投资确实达成了最初就想要的结果，即重建 IBM 的业界领导地位。

——路易斯·郭士纳

第四阶段　改变 IBM 企业文化

截至 1999 年 12 月 31 日，IBM 年度营业收入情况如下：

IBM年度营业收入情况	
营业收入	875亿美元
收益	77亿美元
每股盈余	4.12美元
股价	107.87美元

“在 IBM，我发现文化不只是游戏的一部分，文化本身就是游戏。归根结底，组织展现了人员集体创造价值的能力。事实上，愿景、策略、营销、财务等任何管理，都能确保你在某段时间内的行进方向无误。但是，这些要素若不是组织 DNA 的一部分——不论这个组织是企业、政府、教育、医疗保健或其他人类的活动领域，无疑这

个组织就无法保证长期成功。”郭士纳如此评价企业文化，他说：“对大型组织的文化如何形成和演进，我个人有套理论，即成功的组织几乎都会发展出强大的文化，文化反过来又能强化组织的成功。这些文化反映出公司崛起时的环境，即使后来环境变迁，文化也很难跟着改变。事实上，当组织为适应新环境而必须自我调整时，此时既成的文化反而变为一大障碍。公司的初期文化，往往由创办人的理念体系所决定，如创办人的价值观、信念、偏好、习惯等。有人说，每个组织都是一个人延伸出去的影子，就 IBM 而言，这个人就是老沃森。”

IBM 初创之时，老沃森即刻意有系统地为公司制定了三个基本理念：

◎追求卓越。

◎为顾客提供最佳服务。

◎尊重每一个人。

多年来，这些理念造就了 IBM 行业中的巅峰地位，公司的一切，从薪酬福利制度到闻名遐迩的衣着规定，全都源自这些深植于每个 IBM 人心中的理念。这些规定本身没错，但随着时代的变迁，唯一的问题是顾客的喜爱与偏好已经发生变化，而 IBM 的文化却没随之调整，食古不化的做法带来具有相当破坏性的后果：

◎“追求卓越”变成了迷恋完美，致使每项决策都得经过庞大复杂的官僚机制审核批准。

◎“为顾客提供最佳服务”变成了 IBM 自以为可指挥顾客的需要，而非真正关心顾客不断变化的需求。

◎“尊重每一个人”造成了一种坐享其成的文化，员工不觉得自己有必须通过表现来赢得尊重的义务。

因此，郭士纳决定改变企业文化：

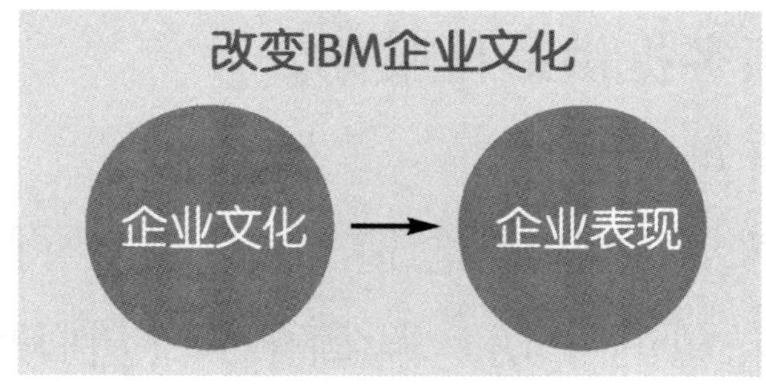

关键思维

改变数十万人的态度和行为，是件非常吃力又不讨好的工作。商学院并没教你怎么做这件事，你也不能躲在富丽堂皇、与外界隔绝的企业总部里领导这场革命；当然也不能只是发表几场演说，或写下公司新信条就宣称新文化已经扎根了。你无法命令和操作文化使其改变，能做的只有创造变革的条件。你可以提供激励，也可以去定义市场现状和目标，但接下来，你只能对员工满怀信任，相信他们会有所改变。其实，管理层无法改变文化，管理层只能劝诱员工去改变文化。

——路易斯·郭士纳

为推动这样的过程，郭士纳带领管理团队坚持将公司各种规定、准则和作业手册减到最少，改以八项基本原则取代。这八项原则阐明了 IBM 新文化的重点：

（1）市场是我们一切作为背后的驱动力——与其规划世界应该如何运转，IBM 更该专心致志于协助顾客获得成功。其他一切都不重要。

（2）我们是品质至上的科技公司——顶尖科技一向是 IBM 的优势，只要把这种认知投入产品开发中，满足顾客的真正需求，IBM 就能成功。

（3）我们衡量成功的标准，是顾客满意度和股东利益——任何公司，除非能使顾客满意，并提高股东利益，否则就不算成功，其他一切都是为最终达成这两个关键目标而服务。

（4）我们要学习创业型组织，把官僚习气降至最低，且时时专注生产力的提升——创业型组织愿意接受创新并承担风险，并以扩张市场的方式追求成长。这些正是 IBM 所需要的特质。

（5）我们从不失战略性视野——IBM 的每项作业都非常重要，组织里人人都要有参与感，知道自己的技巧和能力该发挥在什么地方。

（6）我们的思考和行动都怀有紧迫感——行动快速通常比怀有远见要好。虽然规划和分析也值得我们去做，但不能就此停下脚步。我们必须具有“建设性的急躁”。

（7）我们是一个团队——团队合作的重点是为顾客带来价值，只要做到这一点，就能赢得赞赏和回报。绝对不容许存在官僚习气和门户之争。

（8）公司重视所有员工的需求，同样重视所处产业的需求——IBM 希望给予员工空间和资源促其继续成长。同样，IBM 也希望经营业务所在的大环境能因 IBM 的努力而变得更好。

除了这八项原则外，郭士纳还成立了“资深领导团队”，这个团队的任务是带领公司全体员工将注意力集中在领导力和变革的需求上。郭士纳也开始谈论公司高层领导人所需要的变革，更重要的是，公司开始提拔和奖励愿意接纳新文化的高层主管，这向所有积极进取的经理人发出了信号：现在的成功之路和过去有所不同。

这些做法虽然引起了一些注意，但大部分的 IBM 员工却认为这些策略只是纸上谈兵，不会付诸行为。这八项原则过于繁琐，不易记住，因此新的文化被简化成三个口号：求胜—执行—团队合作。

这三个口号变成一套“魔咒”，大家可用这套魔咒说明 IBM 象征的意义，它最后也化为新绩效管理系统的一部分。每年在作年度规划时，每位 IBM 员工都得列出欲做到这三项承诺须采取的行动，当年的奖金和红利就视这些行动的实现程度而定。

为进一步鼓励行动，郭士纳决定激起员工的危机意识和紧迫感。就如当年老沃森把公司的未来押在 S/360 上一样，郭士纳也宣布电子商务计划。

关键思维

我们把电子商务注入每样东西里，不只是公

司的广告、产品规划、研究计划、顾客会议，同时也遍及全公司的交流沟通和运营，从我的电子邮件、发言、召开员工大会，到衡量内部变革。电子商务为公司所有业务提供了强而有力的背景，给予我们满足市场需求的使命，也为所有员工的行为和公司运营实践，也就是公司文化，开辟了新的天地。最重要的是，它让我们放眼向外，不再只是忙着救亡图存，而是再次把关注焦点放在引领业界潮流上。公司内部的讨论话题也由“我们想成为什么样子”改为“我们想做什么事”。

为什么是原则？因为我相信，所有效益优异的公司都是靠原则而不是作业程序来领导和管理的。作决策的领导人，必须了解企业经营成功的必备要素，然后实事求是，用智慧、技能和对环境的敏锐观察，把那些原则运用在当下。

——路易斯·郭士纳

第五阶段　学习重要教训

至 2001 年 12 月 31 日，IBM 年度营业收入情况如下：

IBM年度营业收入情况	
营业收入	859亿美元
收益	77亿美元
每股盈余	4.35美元
股价	120.96美元

从执掌 IBM 的经历中，郭士纳学到了三个重要教训：

成功的领导人和企业都是专心致志的

在商界，总免不了有尝试新事物的诱惑，尤其当老本行经营不利时，企业就会想跨足新行业试试运气。然而，如此一来只会使公司陷入更深的黑洞，因为公司的焦点已离开自己最在行的本业。想在第二个领域发展出世界级的竞争优势永远困难重重。

和这种“别人家的草地比较青翠”类似的现象，还有收购热潮。大部分主管十分愿意完成众所瞩目的收购案，追求美丽愿景，却不愿为了整治老本行而挥汗如雨。

基本上，任何成功的企业必然对顾客需求及满足顾客需求的经济现实了如指掌。真正的顶尖企业对收获成功的关键事项都有清楚认知，也知道如何有效分配资源。想把这样的技能转移到另一种产业，并不如想象中简单。

因此，不论在过去还是未来，最佳企业都是专心致志坚持老本行的公司。它们集中精力，紧

紧把握自己最擅长的工作，抗拒跨足其他产业的诱惑。

关键思维

好策略应该注重细节，少谈愿景。好策略要从定性角度作出详尽的长期计划，如公司要经营哪些市场，必须达成怎样的市场占有率，应该将支出控制在什么标准，需要动用什么资源？接下来，应该定期回顾这些计划，并让这些计划成为公司所有行动的驱动力。

——路易斯·郭士纳

成功的领导人和企业都擅长执行

多数产业中，决定企业成功的关键要素只有五六项，而顶尖公司在执行这些要素时，总是表现得比竞争对手好，也就是说它们参透成功、实现成功的能力强。一般而言，在市场上表现杰出的公司，日复一日在这些要素上都有优于竞争者

的成绩，而不是时不时转向追求新事物。

因此有效的执行，基于以下四项基本特性：

（1）员工重视你要“检查”之事，而非你所“期望”之事——除非你在目标未达成时，真的要求追究责任和作出改变，否则人人可能只会得过且过，一切如故。预测刮风下雨不算功劳，只有建造方舟才值得嘉许。

（2）必须要求顶尖的作业程序——若想以过时的作业程序应付一流的竞争对手，后果可想而知。顶尖企业在最关键的领域中，必须有顶尖的作业程序。

（3）务求策略清晰——互相冲突的目标只会造成信息混乱，顶尖公司传达策略时清晰有力，能让员工彻底明白该做什么。清楚传达策略和价值，员工就能拥有作出好决策的指引灯塔，而这些决策自然能和所要求的价值一致。

（4）高绩效的企业文化——高绩效的企业文化可让每位员工做事比对手更快、更好，且能去除可能存在的行动障碍。如果能创造这样的文化，人人都会以此为行为准则，杜绝马虎与拖延。

关键思维

执行力，是指卷起袖子实际做事。这是高效能的企业领导人最赏识的技能。

如果你希望自己的执行力优于竞争对手，那么就必须传达明确的策略和价值。在公司的一切行为中强化这些价值，允许员工自由采取行动，信任他们在执行时会以这些价值为落脚点。

——路易斯·郭士纳

成功的领导人和企业都有好的领导特质

真正顶尖的企业组织绝不是靠管理而来，而是在一心求胜的领导人鞭策下不断创新高的成就。

伟大的企业领导人能创造极佳的企业文化，是因为这些领导人都：

◎热情洋溢——自己的作为和组织的表现都是如此。

◎知识渊博——能深入了解组织背后的策略、作业和财务等各项事务。

◎露面率高——亲自参与，每天都可看到他们与顾客、供应商和企业伙伴在一起。

◎自己动手——乐于卷起袖子亲自处理问题，而不是一味指挥他人。

◎自我鞭策——一心只想协助组织达成越来越高的成就。

◎鼓励改变——不断鼓励组织比对手更快地适应市场变化。

◎良好的沟通者——可以开诚布公地和组织内任何层级的人谈话。

◎公平——认为每位员工都有权了解组织中发生了什么事。

◎刚强且公正——意志坚强且正直无私。

◎在价值观上绝不妥协——涉及原则和政策问题时一视同仁，毫无偏袒。

关键思维

所有出色的高层企业主管，包括 CEO 与其左膀右臂，都怀有一股热情，并积极地“行之、爱之”。但别误会我的意思，我指的不是肤浅的乐观情绪，或相互吹捧和别有用心的虚情假意。个人领导特质见于努力构建策略、创造文化和加强沟通，包括负责任、常露面和积极参与组织的各个层面。少了这些，热情就只像啦啦队队长在场边喊得震天响，球队却以 63 比 0 惨败收场。杰出领导人所表现出的热情，不能取代好想法、好人才或好执行力，但它会像一股电流流经性能良好的机器，带动机器运转得更快、更好。

——路易斯·郭士纳

现在，回答这个问题：大象能跳舞吗？

任何组织能否翩然起舞的关键在于集权执政还是分权当道。在20世纪60～70年代，人人都在谈分权，结果到了20世纪80～90年代，许多公司的分权明显过火，分权管理下的业务单位都自有资料处理中心、人力资源小组、财务分析团队、规划组织等，在如此的枝蔓层叠下，大组织的运转越来越慢，成本也越来越高。

对大型企业而言，更重要的问题是要分清哪些事该集中管理，哪些该分权。大型企业的普遍性活动通常分为三类：

◎与组织规模及经济规模相关，例如数据处理、网络、基本人力资源和不动产管理等统一的业务。

◎和市场、顾客关系较密切的业务流程，如顾客数据库、产品出货系统、顾客关系管理系统等。

◎在获取市场占有率的过程中涉及集中管理

的活动，这些活动中涉及的组织某部分资产完全可以应用在另一不同的领域。

对大部分组织而言，第一类活动如果是集中管理，会有比较好的效果；第二类活动如果能顺利整合，也以集中管理的成效较佳；但第三类活动唯有在对抗共同的敌人或为在竞争激烈的行业内取得新立足点时，才能带来好成绩，绝不要轻易尝试，否则很可能赌上全公司的未来。就许多方面来看，大象能否成功跳舞，取决于能否在集中管理与分权之间找到巧妙的平衡点。

策略大玩家

埃里森与甲骨文帝国

Oracle of Oracle

The Story of Volatile CEO Larry Ellison and the Strategies behind His Company's Phenomenal Success

原著作者简介

佛罗伦斯·斯通（Florence Stone），美国管理协会网站通讯主编，著有《高价值经理人》以及《职员的指导、咨询与监督》等九本书，曾任美国管理协会会议与期刊编辑。

本文编译：谢绮蓉

主要内容

拉里·埃里森——比尔·盖茨的头号心腹大患

商业奇才拉里·埃里森给人截然不同的印象：有人认为埃里森是利用他人创意的傲慢领导者；也有人说他是个有远见的领导者，善于利用他人忽略的概念，建立成功的庞大企业；更有人认为，埃里森夸张的行径和激进的言论，只是为了替自己和甲骨文打知名度。

然而，只把焦点集中在埃里森个性好坏上的评论未免忽略了真正的重点。一家在 1977 年以 2000 美元创办的企业，如今成为拥有数十亿美元市值的全球第二大软件公司，着实值得尊敬。在高科技产业竞争激烈的环境下，许多新公司都是昙花一现，有如此成绩的甲骨文公司确实让人惊艳。

整体而言，甲骨文公司波澜壮阔的成功反映出一个事实：在这种“狂妄”却雄厚的实力背后，是埃里森以及公司管理团队洞察先机的眼光、卓越的执行力和乐观的态度。这同时显示，这家公司在背后必然作了许多正确的决策，有值得更进一步观察的优秀做法。

甲骨文公司的确拥有一定特质，使之能在许多人跌倒失败的地方保持蓬勃的生命力：

◎持续寻找、雇用并留住最顶尖的人才。

◎一旦找到竞争对手的致命处，就会用尽办法、毫不留情地予以痛击。

◎运用公司所有资源锁定目前的客户，把竞争对手排除在外。

◎进行有针对性的产品开发项目，向市场提供真正所需的产品。

甲骨文的故事

甲骨文创业三人组

拉里·埃里森曾经这样说："我一向无法适应传统观念。学校老师的话我不见得一定都相信。他们是老师，是专家，有权威，但不见得他们说的一定都对。"

埃里森对教育有如此的态度，在校成绩不佳也就不足为奇了。事实上，埃里森曾两度辍学，一次是在伊利诺伊州立大学念了两年后，一次是在芝加哥大学只读了一个学期。随着没有得到文凭的学业告一段落，1966 年，埃里森决定搬到加州，寻找电脑程序设计师的工作。

到加州不到一年，埃里森便与伯克利大学学生艾达·奎恩结婚，并开始在几家公司从事与电脑相关的工作。换了十几家公司的埃里森还是一事无成。后来，埃里森加入美高科技公司，这是硅谷一家生产影像设备的公司，在那里，他结识了一生中最重要的两个人——爱德华·奥茨和罗伯特·迈纳，后来三人共创了甲骨文公司（Oracle）。

奥茨是一位以担任程序设计师为终生志向的人，在加入美高科技公司之前，曾为美国陆军操作 IBM 电脑大型机系统。迈纳则是美高科技程序设计部门的主管。在美高科技工作期间，迈纳、奥茨和埃里森共同负责美国中央情报局出资的一个项目，开发一套可以有效储存并读取海量数字信息的软件。中央情报局为这个项目命名为“Oracle”。在古希腊文中，Oracle 是指具备丰富知识和高度智慧的圣贤。

后来，中央情报局决定中止 Oracle 项目，奥茨和埃里森自然也调转工作跑道。1977 年，精密机械公司（美国医疗服务产业龙头公司）决定要把公司软件开发工作外包，此时在该公司任

职的埃里森认为这是一个机会，他决心抓住这个机会，做一番事业。他询问迈纳和奥茨是否愿意与他共同成立一家新公司，公司的第一个目标就是参与精密机械公司的软件开发投标，立志让其成为新公司的第一个客户。征得迈纳和奥茨两人的同意后，埃里森先前创立的“软件开发实验室”便独立为一家公司。埃里森投入 1200 美元，迈纳和奥茨则各投资 400 美元，最终，他们的公司以最低价格中标，收到了精密机械公司的 5 万美元定金。

埃里森在新公司担任业务员的角色，奥茨和迈纳则专注在程序设计上。这种安排对埃里森正合适不过。

关键思维

埃里森是整个项目最主要的推手，他的胆识超过我和迈纳两人加起来的。

——爱德华·奥茨

打造创业的成功基因

1977 年，埃里森恰好读到 IBM 研究室发表的一份报告，并为之深深震动，该报告描述，只要运用几个简单的问题，就可以让客户利用关系数据库系统储存和读取资料。IBM 似乎没看出这个系统可能带来的商业价值，但是埃里森却看得很清楚，他们决定在此基础上，开发通用商用数据库。为了表示对此新发现的重视，公司名称也在 1978 年从“软件开发实验室”改为“关系软件公司”。迈纳、奥茨和一名新员工致力发展“关系数据库”软件包的迷你电脑版本。埃里森则四处拜访潜在客户，介绍研发中的新产品。当这个软件完成一半时，大家一致决定把这套软件命名为“Oracle”，这也是当初中央情报局在美高科技公司推出的产品名称。有趣的是，这套 Oracle 软件最早的客户当中就有联邦政府和中央情报局。

关键思维

直到现在，还是有许多人将埃里森的初期成功归为运气。毕竟，数据库管理系统的规范是由IBM发展的。没错，埃里森拥有天时地利，但他也是第一个看出IBM这项研究有商业运用价值的人。埃里森更进一步运用和发展这个基础理念，加上勇气、不断努力、持续乐观的精神和铁腕决心，最终建立了庞大的甲骨文帝国。

——佛罗伦斯·斯通

数据库软件包刚进入销售阶段，埃里森便建立了一支业务团队，业务目标是把产品直接推销给大企业的信息科技经理人；也坚持这套软件必须能通用在各种电脑上，而不只局限在IBM或迪吉多电脑上。埃里森也具备强烈的竞争野心，真正具有“击垮竞争对手”的魄力。在甲骨文公司早期的一支广告中，埃里森用了一部漆有Oracle商标的战斗机，炮轰写有竞争对手名字的建筑。

关键思维

一般科技配上绝佳营销技巧，便可以一天天打败不具特色的好科技和好的营销技巧。

——甲骨文早期员工

在一连串轰动事件后，自然有人会对甲骨文能否成功抱持怀疑的态度。比方说，1980 年，奥茨出现婚姻问题，便以 2 万美元将自己的股份卖给公司，其中 1 万美元兑换成现金，剩下的 1 万元则换成本票。另外，奥茨还向埃里森借了 4 万美元买房子。尽管诸如此类的狗血事件有很多，但公司还是在埃里森的推动下持续成长。事实上，公司甚至在 1982 年再次更名，将“关系软件公司”改为“甲骨文”（Oracle），以产品名称命名公司。

关键思维

当你发现传统智慧的错误，也就是当每个人

都说是A，但A并不正确时，就是你找到竞争优势之时了。只要发现几个传统智慧上的错误，就可以大发其财。

——拉里·埃里森

业绩导向，财务危机浮现

甲骨文在1986年3月15日公开上市后（比微软首次公开募股早了一天），再也没有人怀疑数据库软件市场的存活问题了。埃里森首次公开募股获利价值超过9000万美元，许多早期的员工也摇身一变成为百万富翁；迈纳也得到超过200万美元的股份。但与此同时，埃里森开始逐渐疏懒于公司的日常管理工作，开始过起花花公子的生活，这间接导致了甲骨文1990年的第一次运营下滑危机。

1990年，甲骨文推出第六版的关系数据库软件，但许多客户发现这个版本有一大堆瑕疵。除了产品的问题，甲骨文又遭受赛贝斯以及其他野心勃勃的竞争对手攻击，可谓腹背受敌。业务团队承受着保持公司 100％年收益增长率的压力，为达成目标，业务人员开始每季超接还未开始生产的软件订单，然后把这些数字灌进当季业绩；此外他们也把和潜在客户开始交涉却尚未敲定的销售合约收益列入营业收入。当这些做法曝光后，甲骨文的股价几乎低至谷底，从每股 30 美元狂跌到 5.5 美元。

危难时刻，埃里森立刻回公司领导处理这些棘手的问题。在很短的时间内，埃里森便谈定和解方式，代价是公司花了 2410 万美元；同时决定聘用新一任首席财务官兼总裁来加入公司管理团队。最重要的是，经历了这次危机的洗礼，埃里森加速了关系数据库软件第七版的研发工作。

关键思维

品质绝对是摧毁对手的正确策略。

——拉里·埃里森

在哪里跌倒，就在哪里爬起来

甲骨文在一年之内重回正轨。事实上，从1992年到1998年，甲骨文的业务收入翻番成长：1992年的收入为20亿，1994年为40亿，1996年为60亿，到了1998年则增长为80亿美元。当然，公司的快速成长并非一帆风顺，期间也遭遇了一些其他问题。例如，1997年金融风暴横扫亚洲，而亚洲正是对甲骨文业务增长贡献最大的地区之一，当时的甲骨文股价大跌29%。另外，在1995年，埃里森也因为推广以网络取代个人电脑的构想而遭到严重质疑。

不过，埃里森始终有敏捷的行动力。比如在1997年，他发现甲骨文的数据库软件在新兴的网络市场大有可为，如果能为其提供适当的应用软件，将有200亿美元的潜在商机。因此，甲骨文决定在这块市场上与IBM、SAP、惠普、微软等实力雄厚的大公司积极较量。

埃里森同时也为甲骨文重新定位，要成为B2B和电子商务应用的主要供应商。甲骨文的程序设计师受命停止开发新的数据库软件，改而致力推出以网络为基础的应用软件。从 1997 年后期到 2001 年的几年间，埃里森一直积极参与整个公司全新商业走向的再造工程。

关键思维

这是个新的想法，需要一段时间让市场甚至我们自己的业务团队了解。无论是伽利略还是我们，任何新想法都需要一段时间才能被接受。我们正面临伽利略当时面临的情况。

——拉里·埃里森

其实，除了以上种种，围绕埃里森最大的话题还是他奢华无度的私生活。埃里森从二十出头就住在硅谷，财富丰厚，已经成为当地的名流之一。以下是有关埃里森最为人熟知的几件事：

◎ 在硅谷建了一栋最大、最昂贵的日式宫廷豪宅——占地二十三公顷（内有湖泊、山丘、小岛和五百多棵树），据传耗资 8000 万至 1 亿美元。

◎拥有昂贵的“大玩具”——包括游艇、私人飞机、豪车以及无数其他奢侈品。

◎在福布斯全球富豪榜上经常是名列第一或前几名的亿万富翁。

关键思维

不管经济如何起落，甲骨文似乎总有办法鹤立鸡群，维持比其他高科技公司或竞争对手更好的平衡。这个组织也在不断尝试改变，公司创办人和CEO埃里森也是如此。事实上，许多人认为甲骨文之所以成功，应该归功于埃里森拥有比竞争对手早一步精确预测市场需求的独特天赋，这份天赋有时甚至比市场本身反应还快。因此，有些投资经理人称埃里森为“甲骨文的先知”。实际上也是如此，埃里森较为人所知的倒不是他的CEO头衔，而是他在商业走势以及软件商机上的先知先觉。

——佛罗伦斯·斯通

这个世界将最疯狂的梦想家扎堆儿分布，

全都集中在加州硅谷，这其中最疯狂的又非埃里森莫属。他是个令人难以置信的人，全身上下不受任何束缚，这让他成就了一家超棒的公司。

——汤姆·彼得斯，商业大师、作家

埃里森到底是个怎样的人？我相信他是新世纪的巴纳姆（著名的马戏团表演经纪人，被誉为超级推销员）、超级亿万富翁，每天享受着人人梦寐以求的生活。他创业初期曾以半真半假的信息和空洞的承诺“糊弄”客户，但也凭借一个想法白手起家，创建了数一数二的软件公司。在众人眼中，埃里森持续全力以赴奉献“全世界最棒的演出”，因为他深知如果他能得到世人的注意，就代表甲骨文也会吸引世人的目光。甲骨文与他之间已经没有太大的差别，埃里森和公司已经合二为一，这家公司就是向世人展示此人有多么成功的最佳实例。

——佛罗伦斯·斯通

甲骨文的成功关键

公司组织模式能够反映CEO的魄力、野心和风格

甲骨文就像许多成功的企业组织一样，能强烈反映出创办人埃里森的许多特质。更确切地说，甲骨文具备以下的企业文化：

（1）具有成功的外表——从具有未来主义色彩的总部设计，到要求员工穿着正式服装以带给顾客良好印象的着装规定（甲骨文与许多高科技公司不同，不赞同“便装上阵”）。

（2）鼓励长时间工作——强调“每天第一个到、最后一个离开”的重要性。

（3）每年进行员工考核与奖惩——明星员工（前10％）可以收到超过全年薪资的奖金。

（4）员工内部调动频繁——公司每年有25％

的员工会转调到不同的责任区。

(5) 只聘用最顶尖与最聪明的员工——也就是指有野心与能力，懂得在竞争激烈的内部环境把握机会并显现特质的人。应征者想要获得甲骨文聘用，必须具备以下几项条件：

◎有效的沟通能力。

◎高水平的睿智。

◎幽默感。

◎有强烈动机去设定并达成目标。

(6) 会花很长的时间进行新员工培训——新员工大多花费三到六个星期熟悉公司价值观，并开始建立内部人脉。

(7) 分权管理——公司分为五大部门，各自处理下列业务：

◎销售。

◎产品开发。

◎培训。

◎顾问咨询。

◎财务与行政。

关键思维

公司刚成立时，在大学校招时最常问的面试题目是：“你是这里最聪明的人吗？”如果回答是否定的，下一个问题接着就是：“谁最聪明？”答案中的那个人就是招聘人员极力争取的对象。

——罗杰·班福德，甲骨文程序设计师

埃里森从不推崇忠诚度这一套，大家留在甲骨文是因为薪资优厚。但是埃里森是个控制狂，他有能力吸收绝顶聪明的顶尖人才，然后再试着摧毁这群人。

——托马斯·西贝尔，西贝尔系统公司创办人，曾任甲骨文高层主管

甲骨文不惜一切代价重用能提出好点子的员工，这些员工可以获得丰厚奖励，其他人则被忽略或淘汰。

——斯图尔特·瑞德，曾任甲骨文经理

具体落实“击垮对手”，而不只当成一句营销口号

就像许多高科技产业公司一样，甲骨文攻击竞争对手绝不心慈手软，唯一目标就是终结竞争对手的生命。不这样做，甲骨文便不可能继续成长。

下列是甲骨文的制胜方法：

（1）选定适当目标，发展一套近似雷达般聚焦的营销策略——找出竞争对手的弱点，并耳提面命业务员向客户说明产品时，一定要点出这些问题。

（2）作战目标永远是对客户重要的条件——功能、成本、可靠度、使用简易度、售后服务等。

（3）乐于使用正面迎战的战术——比如挖来竞争对手的头号业务员；在竞争对手公司门外竖立自家广告牌，说服合作厂商不要与其合作。它也善于想出各类标语，例如在竞争对手产品上加诸“永远的伴娘，当不了主角”，或者“为何将

您的事业投资在这样的产品上”这类的注解。甚至曾在竞争对手的停车场摆放移动式广告牌，上面写着：“老哥，蜗牛该动动了吧！”

（4）谨慎追踪行业动向，找出：

◎试图分羹市场占有率的新进公司。

◎值得开发且容易攻击的成熟公司。

◎其他公司尚未发现的商机。

（5）勇于向业界“大哥级”的公司挑战——拉里·埃里森经常向微软或IBM正面挑衅，特别是在电子商务这种快速成长的市场上更是忘乎所以。

关键思维

甲骨文在与其他软件公司竞争时绝不留情。如果不这么做，在公司萌芽阶段就会被大公司盖过光彩而夭折，即使幸存，也只能占有很小的利基市场，不会有今天的规模。盖茨与埃里森的瑜亮之争又怎样？又有何不可？这使得甲骨文像微软一样成为家喻户晓的公司，一切代价就未枉费。如果微软、IBM 或 SAP 等任何一家公司阻拦甲骨文的发展，你绝对可以预想到埃里森会不顾一切直扑其致命要害。埃里森是硅谷的坏蛋吗？绝对不是。他只是一个了解客户会如何权衡数据库软件优劣的好 CEO。甲骨文选定公司的商业目标，然后通过营销计划一步步取得胜利之势。在这产业中，不是战胜他人就是被消灭，所有公司，实力雄厚也好，初出茅庐也罢，都是为市场占有率而战。

——佛罗伦斯·斯通

我需要的不仅仅是成功，而是所有其他人都必须失败。

——成吉思汗（埃里森常引述的话）

对埃里森而言，凡是容忍竞争对手存在的公司都会走上绝路，甘居第二的公司最终会敬陪末座。

——斯图尔特·瑞德

甲骨文也许是第二大的软件公司，但是对埃里森来说，那是死亡之吻。当老二让埃里森抓狂。

——罗杰·班福德

全程锁定客户，把竞争对手排除在外

甲骨文将客户维系提升到艺术境界，视为企业不可或缺的一部分，以此维持公司在市场的主导地位。具体来说，甲骨文的客户维系项目有四个关键。

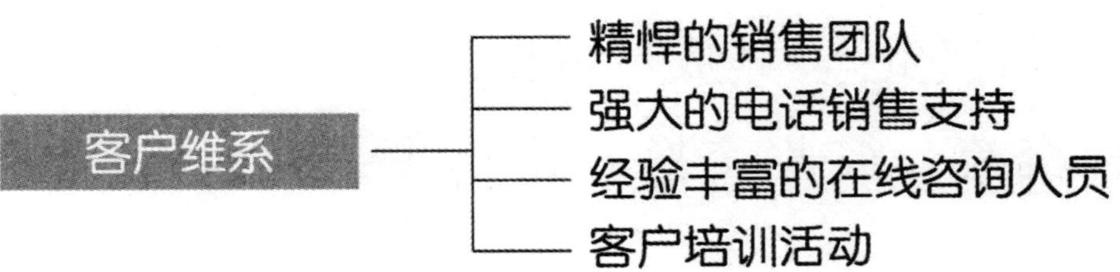

（1）甲骨文的销售团队——目标基本上都锁定在对方公司的首席信息官或客户高级主管。为此，甲骨文聘用了以策略为导向，并且善于和高级主管对话的业务经理。埃里森很重视直接向高级经理人销售这项策略，这个高级经理人最好有权力决定公司数据库的采购。此外：

◎甲骨文数据库的永久性授权费用，只比四年授权费用高出三分之一，如此定价能鼓励客户长期合作。

◎甲骨文开办了许多推进客户关系的特殊活动，借助这些活动，甲骨文的业务员得以认识目标新客户并拉近关系。这些活动包括举办产品开发者的世界大会，及与埃里森进行一对一的会议。

◎甲骨文拥有一群高度活跃的使用者联盟（由公司出资），其成员可以进行现场或在线的会议和交流，彼此交换心得，并了解即将问世的产品。

（2）甲骨文的销售支持体系——每间办公室都有经验丰富的销售人员和支持工程师。这代表任何对安装甲骨文产品有问题的客户，都可以通过一个电话立刻找到可以解决问题的工程师。这也表示，一旦客户有升级需求，工程师可以从旁协助销售人员。随着甲骨文逐渐从以数据库为核心业务转战电子商务软件包，网络可以发挥越来越多的支持功能。

（3）在线咨询——包括在50个国家提供24小时支持与协助的1.25万名咨询人员。这些咨询人员是整合网络与商业运作的专家，同时也在各客户公司步入电子商务美丽世界的过程中，担任顾问、教练、老师和引导者的角色。甲骨文提供技术上的协助、支持议题的定期提醒，以及各类针对个别客户特定需求的专业协助。

客户可以访问甲骨文的网站获得下列服务：

◎解答问题。

◎预先提醒可能发生的潜在问题。

◎下载新的解决方案。

◎有关未来升级和新产品的信息。

◎进入信息知识库。

◎个别协助。

（4）客户培训项目——由甲骨文大学和甲骨

文学习网络提供以下项目：

◎甲骨文大学（创立于 1999 年）在 150 个国家有 2500 名员工、750 名讲师，提供有关甲骨文科技、一般教育和策略性商业议题等 400 多种课程。截至 2003 年，甲骨文大学所获收入超过 12 亿美元。

◎甲骨文学习网络属于订阅型的线上教育资源。订阅者只需每年支付 1500 美元，便可无限使用该网站，同时取得每 4～6 小时更新一次的资料。该网站的目标是，希望向有意提高个人技术能力和专业能力的人提供一项终身教育资源。截至 2003 年，此学习网站创造了超过 2 亿美元的年收入。

关键思维

许多人将甲骨文的成功完全归功于该公司 CEO 有效的策略决策，但是甲骨文的组织架构及用心执行策略的员工也功不可没。具有创业

者精神的组织结构、清楚单一的领导者，以及员工依循的“击垮对手、策略性思考、锁定客户、排除对手”等企业价值观，都对公司管理流程的形成有所贡献。有了埃里森“冲锋高获利”的未来方向，员工作业便有了清晰的优先顺序，可以有效地实践使甲骨文成为第一大公司的目标。

——佛罗伦斯·斯通

甲骨文位于红木城的校区中有座简报中心，主要用来进行甲骨文最新科技的介绍和讲授，所有来自商界的朋友在此都受到了最高级别的对待。在甲骨文，你还期待些什么？未来潜在客户在此也有机会接触包括埃里森本人在内的甲骨文高层管理团队。甲骨文会举办一年一度的世界大会，让现有客户和未来客户能与公司的产品营销经理及研发人员面对面会谈，客户之间也可以彼此交流，许多应用软件的新点子也由此孕育而生。埃里森在活动中会发表乐观预期未来的演说。这样的演说在甲骨文内部或外部市场都被视为“兴奋因子”。在甲骨文，一般性议题完全可能扭转为刺激思考的问题，而最终成为令人兴奋的机会。“兴奋因子”的概念也运用在建立客户关系的会议上，以激发起大家对即将问世的产品或新软件的兴趣。

——佛罗伦斯·斯通

产品开发——超越现在，发现未来

为了满足客户需求及保持领先地位，甲骨文必须持续开发包括关联数据库软件以及电子商务应用等新一代产品。这在技术与管理上存在很大的挑战，原因如下：

◎要正确预测开发软件所需的时间一向很困难。

◎有时很难捕捉住客户需求，客户的喜好会随偏好而改变，也受唾手可得的新科技左右。

◎竞争对手推出的新产品也许具备客户所喜爱的特色，这表示自己产品下次升级时也必须纳

入相同特色。

◎电脑软件中一个不明显的设计瑕疵可以产生许多后续效应，有些可能非常严重。

◎硬件上的改变可能需要变更软件来配合。

◎即使研发进度已经极度乐观，快速抢在竞争对手之前推出新产品的需求和压力也始终存在。

◎有时为了准时完成项目需要增加人手，这些新人必定无法赶上项目中其他人员的速度，因此也可能会无意中带进更多需要修正的错误。

◎随着项目进行，一些新功能可能需要添加。如果一开始就知道这些需求，起步的方式也许会有所不同。

以下是甲骨文处理一般软件研发过程中常见困难的方式：

（1）拥有无缝式产品策略——在任何新版产品问世之前，便已开始进行下一代产品的研发。甲骨文可以凭此随时满足客户所需。

（2）善于按重要程度安排计划的顺序——发展符合公开目标和时限的行动计划。

（3）预测客户的未来需求——发展客户想要的、配套数据库软件使用的衍生产品以及其他应用软件。在 1995 年，应用软件和服务项目为甲骨文带来 7 亿美元的收入。

（4）搜集有用的市场信息——通过焦点小组的研讨会与客户会谈，并在新产品推出时举办年度博览会。同时也从自己的网站搜集客户资料。

（5）具备洞察客户需求的敏感度——确定每项新产品都可以为客户增加策略性价值。比如说，甲骨文软件可以在所有电脑上运行，客户无需添购新的支持硬件。

（6）每进入一个新市场便成立一个相应的新事业部门——此举可以使原有部门继续专注在自己的核心业务上。与此同时，确保优秀的人员能专门执掌公司的新业务，便可以帮公司打响第一炮。

（7）设计能支持“容错”而保证获得可靠性高的产品——例如，要改变数据库内的数据必须依循正确的步骤，否则数据还是会维持原始设置。这表示不能任意改变数据，容错机制会给予提醒和纠正。

（8）聘用能找到的最佳人员——特别是甲骨文的核心软件开发团队。

（9）维持最成功小组的完整与专注——以特别优厚的条件奖励小组成员（包括管理上的照顾和财物方面的奖励），并鼓励核心小组成员留在公司开发下一代新产品。

（10）执行优良品质保证计划——与当前客户互动，并配合其他意见进行 beta 版软件的测试。

（11）尽可能早推出新产品——在成功的版本上进行微调，并强化功能。

（12）向组织内每个人提供有关公司现况的信息——因此员工不需从新闻中了解公司新的发

展。甲骨文所有内部信息都会标注上日期后发布，整个公司都可以知道产品推出的准确时间。

关键思维

除了众人皆知的夸张行径之外，埃里森和甲骨文也拥有敏锐独到的市场直觉，而这就像地图一样指引公司的产品开发活动。有人认为埃里森总是超前市场十八个月。换言之，在他的想法里，一旦计划放出，就当这些计划生命已结束。当新产品推出问世时，他已经满脑子是另一项发展中的产品。而早在产品进入开发阶段前，埃里森已经在思考产品的市场定位。当然，埃里森和管理团队所制订的计划并不是僵化不变的。软件市场变动如此快速，他们不得不变。这种做法的确有助于资源分配或困难决策的取舍。有人常说，埃里森很懂得拿捏事情的轻重缓急，这种能力来自凡事预先思考。埃里森和资深管理团队，特别是负责产品开发的部门，会经常找僻静的地

方碰头、交换最新计划。

——佛罗伦斯·斯通

当埃里森将数据库软件卖给全世界几乎所有最大型的公司后，便清楚意识到需要推出更多产品来销售，也因此产生了开发应用软件的想法。他觉得甲骨文应用软件可以基于甲骨文数据库，来执行库存管理、人事资料存档、业务追踪等功能。这样的想法几乎花了七年的时间才获得验证。但成果确实丰硕：到1995年，应用软件产品的版权已为公司创造出将近3亿美元的收入，另外应用软件相关服务也带来4亿美元的收入。

——佛罗伦斯·斯通

甲骨文的未来走向

公司已经学会如何处理危机和错误

关键思维

我并不知道我们的问题有多严重。如果当时我在管理上有更多的经验，我就会在问题发生之前预知到了。

——拉里·埃里森

借这个诚实的说法，埃里森点出了公司几次濒临灭亡的经历。这是如甲骨文快速发展的公司从创业型企业转型到专业管理型企业过程中常见的危机。

举例来说：

◎到 1990 年，甲骨文的收益已经达到每年

100％的增长率。为了维持这样的增长速度，业务人员开始拿尚未敲定的销售案顶数。当公司发现这个问题后，十九名股东集体提出法律诉讼，甲骨文的股价也从30美元狂跌到5.5美元。公司似乎已经到了危急存亡之秋，埃里森迅速采取以下行动解救了公司：

- 下令裁员10％。
- 以2410万美元达成庭外和解。
- 聘用新首席财务官。
- 聘用新业务经理。
- 引进新的内部费用管控机制。
- 发展经过改良的业务追踪机制。
- 引进更佳的产品测试程序。

◎20世纪90年代中期后，埃里森开始带领甲骨文超越单一而向多元化发展。比如率先推出“网络电脑”的概念，以取代作为产业标准的个人电脑。这种新的信息应用可以直接从网络上操作甲骨文提供的软件，而不需要硬盘或软盘。但是这个想法并未普及开来，因为甲骨文未全力去执行，而且个人电脑价格的下降，多少也左右了这个想法。

经过失误和危机的洗礼，甲骨文现在已经成为更强大、更有弹性的企业组织，学会了如何平安挺过风暴，即使目标已经稍稍偏离原本的设定，仍能继续前行。这是任何保持长久优势的公司在发展过程中必定会面对的课题。

关键思维

所有刚起步的公司在成长过程中，都要经历停下脚步，对自己的运营下个判断的时刻。成长过于快速，有时会产生庞大的压力，这是组织还没有准备好承受的。原本带动成长的非正式组织体系或许过于薄弱，此时就需调整组织体系以适应未来进一步成长的挑战。

——佛罗伦斯·斯通

甲骨文积极致力于整合网络，使其符合商务所需

关键思维

我现在很爱经营事业，乐于参与运营的每个细节。过去我对销售业务从不感兴趣。但现在，我们掌控业务团队，或利用电脑编制销售业务，这些全都已经程序化。

——拉里·埃里森

2000年春天，甲骨文宣布公司重整，以成为线上应用程序的供应商，所推出的电子商务套装包括了70个模组，涵盖了从企业资源规划，到通过客户关系管理进行的B2B电子商务所需的各种工具。甲骨文新套装软件的使用者，可以通过支付订费而获得每季更新的软件。

通过这种做法，甲骨文逐渐脱离软件销售的业务，进一步向客户提供基于网络的全球信息管

理解决方案。特别是对各企业首席信息官来说，有了即时追踪、分析和管控每名员工行为和全球各地营业单位的工具。

甲骨文同时也用这些软件彻底改变了自己——塑造成一家完全成熟的“砖块加鼠标”型商业体。

关键思维

埃里森正在做的事，远远不是建立一家全球最大的电子商务公司。他真正思考的是如何改变公司的基础架构，才能充分利用网络运算功能带来的优势——正如其他 CEO 应该思考的问题一样。

——雷·莱恩，甲骨文前任总裁

要让转型受到世人瞩目，甲骨文想出了一个绝佳办法，埃里森宣称将运用网络使成本降低 10%，也就是每年节省 10 亿美元。让人惊讶的是，甲骨文夸下的海口实际上几乎是兑现了。当甲骨文宣布 2000 年 5 月 31 日会计年度结果时，获利已经提高到 61%，达到 12 亿美元，而运营支出也比当时业务成长速度预计支出的费用少了几乎 10 亿美元。

以下是甲骨文“瘦身计划”的具体方法：

◎企业运作全球化——创造人人可以通过互联网浏览器获得的数据库，而不必要求全球每个分公司都在自己的数据库中存放资料。

◎将销售、营销和服务的支持放在网络上——教导客户解决自己可以处理的问题，不需凡事都等待外援。

◎逐步淘汰所有主从架构式软件——将所有东西移至网络。

◎允许组织松散的虚拟团队——甲骨文转型成电子商务公司的重要组成部分。

◎在甲骨文网站上，向客户提供一站式服务——客户可以在此获得信息、购买软件、订购网上培训、取得支持、连线人工客服等。

◎将甲骨文的所有企业策略与适当的电子商务策略相结合。

◎在过渡期间维持稳定和良好的引导。

甲骨文会充分利用 CEO 的高知名度

务实的经理人若能激励和组织员工，并亲自参与动手做的过程，就必定能成功。埃里森是杰出的经理人，曾有几年时间亲赴第一线，致力于世界第二大软件公司的运营。甲骨文自创立以来，在埃里森几次亲自管理期间的经营表现，都比其他人管理期间更有创意、更成功。

好的领导者有宏观的视野，可以决定公司应该攻顶的目标山峰。在这个角色上，埃里森有出色的表现，因为甲骨文已经成功地从数据库软件公司转型为电子商务公司。埃里森的商业直觉非常敏锐，这从他早期进入国际市场的策略可见一斑。埃里森也非常善于平衡，总是能使研发小组实际创造出来的新产品正合销售团队之意。埃里森同时也让甲骨文撇开用收购换取的成长，而专注在核心业务上。

虽然埃里森也认为网络电脑的梦想破碎了，但不可否认的是，这个想法在当时并没有错。他还是鼓励其他公司接受这个“先发制人”的概念。虽然埃里森骨子里是个科技人，但他对商业市场非常熟悉，能认真专注于新开发的商业价值。埃里森向来喜欢设定具有挑战性的高目标，这两项特质都使他成为媒体追逐的对象。

关键思维

媒体与大众已经对埃里森的性格着了迷，而忽略了我在进行相关研究后得到的三个结论：

（1）埃里森是杰出的经理人。

（2）埃里森是杰出的领导者。

（3）埃里森是个有远见的人，能预测未来需求。

请容我加上第四项较不为人知的结论：

（4）埃里森也是位慈善家。

——佛罗伦斯·斯通

埃里森同时也是位慈善家。他创立了埃里森医学基金会，赞助老年疾病治疗方案的研究，以及向第三世界提供对抗传染疾病的疫苗。他也是以色列 Quark 生化科技公司的大股东，这家公司致力于寻找癌症的治疗方式，同时也将新的基因治疗商业化。

甲骨文会视产业的改变而变革演进

软件产业和网络的未来究竟什么样？以下是埃里森在 2000 年提出的他的未来愿景：

◎现存的软件产业将一夕消失，而被服务产业取代。

◎大家已经不再购买或维修自己的电脑系统，而是购买网络上的商业自动化功能。

◎甲骨文会为客户提供应用程序，减轻客户的软硬件管理烦恼。

◎随着越来越多的公司在网络上获得一席之

地，网络商业应用程序的客户群也会随之增加。

◎甲骨文将为客户架设网站，并承担整合网站和客户运营方式的责任。

◎甲骨文将会开始在其他领域成立业务子公司，以获取更多的商机，例如无线科技、市场交换等。

◎会落实跨公司整合的承诺——企业将会与供应商、合作伙伴和客户密切合作，整合出自己的商业系统。

◎自动化流程和贸易将会成为主要趋势——电脑将会涉足许多原本由人类处理的交易。

很显然，在以上所有未来可能发生的情况中，甲骨文已经稳稳占据中心地位，因为它是唯一一家可以提供完整套装应用程序的公司。当然，我们也不难想象，微软、SAP、赛贝斯系统、仁科软件和 IBM 等这些在同一市场竞争的公司，一定不会同意这样的观点。

挣脱人生限制做赢家

Andy Grove

The Life and Times of an American

原著作者简介

理查德·泰德罗（Richard Tedlow），毕业于美国耶鲁大学与哥伦比亚大学，现为哈佛商学院企业管理学教授，商业史专家。泰德罗曾为《哈佛商业评论》以及《财富》杂志撰文，并著有《影响历史的商业七巨头》与《沃森父子与IBM王朝》等书。

本文编译：徐景丽

主要内容

重要概念

“伟大之人必有不凡之处！”英特尔前任董事长、CEO 安迪·格鲁夫的精彩人生，源于他勇于挑战逆境的惊人勇气与毅力。童年时经历战火，死里逃生；青年时期面对异国文化与生活，在美国完成高等教育及终身大事；壮年后挑战起落的经营环境与科技发展，在担任英特尔 CEO 期间，公司营业额从 19 亿美元增长近 14 倍，达到 263 亿美元，获利从不到 2.5 亿美元，足足增长 25 倍，达到 61 亿美元。这样惊人的成果，更让英特尔名列美国历史上最会赚钱的企业之一。难怪格鲁夫总结自己的一生时语出惊人：“只有偏执狂才能生存。”不管你是否欣赏格鲁夫这种强势、偏执的性格，正如作者理查德·泰德罗所说，正因为如此，他才“凭着自己的进化逃过了天择”，创造出传奇的一生。

不可多得的管理人才

管理大师德鲁克曾经说：“管理可以学习，但很难教导。”技术背景出身的格鲁夫，是位不折不扣的工程师，相对于其他工程师面临转型时不得其门而撞得头破血流，格鲁夫是成功的，他的成功关键就是对局势的精准判断与敏锐观点。格鲁夫具有冷静面对问题的神奇力量，一旦遭遇困境，总能抽离自身，以局外人的角度客观审视，最终作出睿智决策。格鲁夫深知，领导人不是神，不一定能立刻指出正确方向，所以目标模糊时，他会倾听不同声音，搜集各种信息，用俯视的角度看待局势，在关键时刻果断抉择。

格鲁夫用希腊神话故事里不被听信的女先知卡珊德拉比喻公司内部能够迅速看出趋势，并及早发出警告的人。对这类传达“噩耗”的人，领导人无论如何都不该加以扼杀或压制。为了保护“卡珊德拉”们，格鲁夫运用自己善于分析的背

景，建立“创造性对抗”的文化：“知识就是力量，重要的是自己知道什么、能够贡献什么，而不是自己在组织里的头衔或位置。争论时‘对事不对人’，锁定在议题上，不要针对提出异议或有不同主张的人。尽管起初意见有分歧，但一旦作出最后决定，便要全力支持。”在1987～1998年格鲁夫担任CEO期间，英特尔的市值从43亿美元激增至1976亿美元，涨幅高达4500％。

最强悍的老板

英特尔的成长得益于格鲁夫的特质：无情、强硬的管理才能和执着、严谨的工作作风。在英特尔共同创办人摩尔眼中，格鲁夫有远见、有决心而且自律，为了公司利益不讲情面，是万里挑一的强势管理者；而在许多下属及同行眼中，格鲁夫易怒、具压迫感、精力充沛、聪明、极端细心但是深具领导魅力，是位出色的解决问题者。格鲁夫接任英特尔首席运营官后，更换了多位秘书，这多少反映出他要求精确、不易共事的性

格。最终赢得他信任的是麦克法兰，格鲁夫尊称她是“首席运营官秘书阁下”。麦克法兰指出，格鲁夫要求下属必须在持续不断的压力下工作，把每个人都逼得很紧，但是自己永远以身作则，把自己逼得更紧。

1982 年，经济形势恶化，格鲁夫果断推出“125％的解决方案”，要求员工必须发挥更高的效率，以战胜咄咄逼人的日本企业。公司员工每天要工作 10 小时，所有在上午 8 点 10 分以后上班的员工，都得在专门的记事本上签下大名。这也就是“迟到登记表”的由来。一天上午，《纽约时报》记者居然看到格鲁夫也签了名。著名风险投资家道尔在 20 世纪 70 年代为英特尔服务了六年，道尔说：“格鲁夫不能忍受迟到或没有目的的会议，就像是一头拼命的驴。这是行业的特性，没有答错的机会。”正因为如此，1984 年的《财富》杂志，将格鲁夫评为“美国最强悍的老板”之一，有时连他自己也觉得太过分了。

Wintel **联盟**

20 世纪 90 年代，英特尔与微软以视窗（Windows 95）操作系统与奔腾（Pentium）微处理器软硬件相互配合，造就了牢不可破、几乎独霸个人电脑产业的“Wintel 联盟”，彼此的发展又促进对方的成功。例如，改善英特尔芯片的性能，可以提升微软操作系统的表现，吸引其他使用者采用视窗系统。同样，微软改进操作系统，消费者就会倾向使用内嵌英特尔芯片的电脑，从而带给英特尔更多利益。这使得英特尔成为 20 世纪 90 年代收益率最高的个股之一，年收益率高达 50％。此外，Wintel 联盟也带动了个人电脑销售的增长，1995 年个人电脑出货量比 1994 年增长了 33.9％，1996 年又增长了 17.2％。Wintel 联盟的出现，建立了个人电脑产业可以相容互通的事实标准，该联盟也因此在个人电脑产业形成了所谓的“双寡头垄断”格局。

但 Wintel 联盟曾经有过两次关系危机，其中一次是微软的 Xbox360 游戏机并未使用英特尔 CPU，另一次则是英特尔研发的笔记本电脑考虑采用 Linux 操作系统，业界因此曾经传出，Wintel 联盟已经出现裂痕。但在 2006 年 5 月 18 日，微软董事长盖茨与英特尔 CEO 欧德宁联合撰文，驳斥有关个人电脑黄昏论言之过早，再次向全世界宣告 Wintel 联盟的稳固情谊。

一　战火童年

1936年9月2日，安迪·格鲁夫出生在匈牙利布达佩斯的一个中产阶级犹太家庭，父亲乔治·格鲁夫是一家中型乳品公司的合伙人，母亲玛丽亚·格鲁夫则放弃了成为钢琴演奏家的梦想，走进家庭。

最血腥的围城战

1939年9月1日，纳粹德国入侵波兰，掀起了第二次世界大战。格鲁夫一家就像欧洲各地的家庭一样，被战争的剧变所波及。1942年，也就是格鲁夫五岁时，格鲁夫的父亲乔治应召入伍。因为乔治是犹太人，军方把他分派到工兵营，在苏联占领区前线负责清理路面、建筑工事等粗重工作。到了1943年春天，玛丽亚·格鲁夫接到政府的通知，告知乔治已经失踪，玛丽亚费尽心力，还是无法查出丈夫的下落。

纳粹德国在 1944 年 3 月 19 日占领了匈牙利，并开始搜捕所有的犹太人，成千上万的匈牙利犹太人被集中送往奥斯维辛集中营，日后就是在这里遭到冷血屠杀。格鲁夫和母亲凭着运气、友人协助以及随机应变的能力，千辛万苦躲过了被遣送集中营的命运。他们在纳粹搜捕犹太人之前，从布达佩斯逃到乡下藏身，等风头过后再回到布达佩斯。他们还熬过了布达佩斯战役，这场战役是第二次世界大战中最血腥的围城战之一。

完成高中学业

由于战争的关系，格鲁夫早年的学校教育是断断续续的，但是这对他并没有太大影响，他的学习成绩一向不错。但是格鲁夫年幼时感染上了猩红热，导致发烧和中耳感染，而那时的治疗方法是从耳后取出一块骨头，格鲁夫为此差点一命呜呼，他住院六个星期，并且在家里休养了九个月才逐渐康复。但留下了后遗症：听力受到永久

性的损伤。

1945 年 9 月，乔治在苏联战俘营受难数年之后，终于再次和家人团聚。但战后的局势依旧动荡不定，升入中学的格鲁夫特别喜欢化学，尤其对分子有本能的直觉；他还喜好写作，加入了当地的青年报；格鲁夫还有另一爱好，那就是歌剧，他甚至想当歌剧演员。高中毕业后，格鲁夫准备进入布达佩斯大学继续求学。

前往美国

格鲁夫进入布达佩斯大学的第二年，匈牙利再度陷入动荡。布达佩斯大学暂时关闭，于是格鲁夫和父母讨论起逃亡到奥地利的可行性。1956 年 12 月，格鲁夫辞别父母，逃往奥地利维也纳。

格鲁夫先是拍了封电报给父母报平安，然后找到了“国际救援委员会”维也纳办事处，并说服该组织帮助格鲁夫前往美国。于是，格鲁夫和一群难民一起搭乘一艘老旧改装运输军舰，渡过大西洋，前往纽约。1957 年 1 月 7 日，格鲁夫终于抵达纽约的布鲁克林区。

关键思维

逃离匈牙利跟留在匈牙利一样危险。1956年的匈牙利正处于愁云惨雾之中，到处都会听到有人被抓，那些人年纪跟我差不多，就这样在街上被抓走，我当时就想该是逃离的时候了。我和一位友人一起离开布达佩斯，那时我们根本不知道边境附近的状况如何。要知道，那时可是没有互联网的，没办法上网查询边境当天的状况。

——安迪·格鲁夫

二　踏上美国

来到美国的格鲁夫很快联系上已在美国的叔叔约什和婶婶兰卡，他们非常欢迎格鲁夫，于是，格鲁夫与叔叔一家一起住在纽约布朗克斯区。没过多久，格鲁夫决定要继续完成大学学业。

关键思维

我那时只想有一技之长，让自己可以尽快自给自足，这样我才能养活自己，还能存钱让父母也逃离匈牙利，来美国和我一起生活。在我知道可以选择进纽约城市大学之前，我差点要放弃念大学这件事。朋友告诉我，只要有能力就可以去读。美国人根本不知道自己有多幸运。

——安迪·格鲁夫

完成终身大事

格鲁夫带着满腔热情接受教育，一如他面对人生中大部分事情的态度。一般正式课程修习 16 学分足够，格鲁夫尽管英文能力还不是很好，但还是努力说服自己的指导老师，准许他修 21 个学分。格鲁夫主修化学工程，又选修了物理和微积分。在他还在适应新教学体系的时候，他的确拿了几个 F，等到适应以后，他在纽约城市大学修的课程，几乎门门成绩都是 A。

在大学里，只有一件事让格鲁夫很不舒服，那就是没有人能把他的名字念对。这个问题其实很容易解决，格鲁夫的工程师思维派上用场了，他把格安德拉斯·伊斯特凡·格鲁夫改成安德鲁·史蒂夫·格鲁夫。接下来几年，格鲁夫的日子过得既稳定又充实，学期中就在学校认认真真念书，暑假时就到新罕布什尔州的疗养地卖命打工赚钱。格鲁夫就是在打工时认识了伊娃·卡丝坦，她后来成为了他的妻子，卡丝坦也是一个避

难者。1958 年 6 月 8 日，格鲁夫和来自奥地利的伊娃·卡丝坦结为连理。

立志要做有用的事

虽然纽约给了格鲁夫几乎所有的美好，但是他实在不怎么喜欢这个地方。他不喜欢纽约的天气，觉得这个城市阴郁得让人很不舒服。因此，在即将从纽约城市大学毕业时，他决定要带着新婚妻子搬到美国西海岸的加州——因为那里的阳光像家乡的。尽管他急需筹钱给父母亲，他还是决定要进入美国著名高等学府加州大学伯克利分校研究生院。

1960 年初夏，格鲁夫夫妇抵达加州，格鲁夫选择就读伯克利的流体力学硕士班。就读伯克利期间，格鲁夫全心投入论文写作，努力写出出色的论文，后来他的论文刊载在化工界顶尖学术期刊《流体力学杂志》上。可以预见，如果格鲁夫留在学术界发展，前途一定大好，但是他希望尽快安家立业。格鲁夫也自我保证“要做有用的事”，而不要一辈子待在大学里。格鲁夫的一位教授建议，他应该找跟固态物理学有关的工作，这个领域当时正要起步。初探职场的格鲁夫发现，大多数企业把自己的化工背景视为缺点而不是优点；此外，他的个性很强，见到他的人不是很赏识他就是很讨厌他。

最后格鲁夫只剩下两个选择——仙童半导体和贝尔实验室。尽管贝尔实验室是 20 世纪 60 年代初许多人的第一志愿，但是贝尔实验室位于东海岸，格鲁夫最后选择进入仙童半导体，因为他认识在那里工作的一个叫戈登·摩尔的家伙。

三　第一份工作

1963 年，格鲁夫进入当时雄心勃勃的仙童半导体工作，一进公司就作出了重大贡献，因为他会用 Fortran 程序语言写程序，当时公司里没有其他人会。他恰巧在公司最需要的时候，用最合适的技能解决了公司正面临的问题。

关键思维

我在一个星期一的早上到仙童半导体报到，我的主管是名电子工程师，他丢了个问题给我。这问题其实并不复杂，但的确必须把这个物理的问题转换成微分方程式，解了微分方程式，做成曲线，再找出特定参数就解决了。还有比这更幸运的事吗？

——安迪·格鲁夫

喜欢挑战传统

首战告捷让格鲁夫信心十足，并有心挑战仙童半导体的一些传统观念。公司上下都把心劲放在半导体的表面态上，但是格鲁夫认为，大家期待的成果，取决于表面电荷的影响而非表面态。格鲁夫的想法引发了争论，但是后来证明他的想法是正确的。格鲁夫又挑战公司的另一个事实：研究部门尽管拥有许多绝顶聪明的人才，但是管理不佳，效能低下。

为了在仙童半导体有杰出表现，格鲁夫努力至极，展现出的热情鲜有人能够出其右。1963～1968 年期间，格鲁夫以自己的论文为基础，在学术期刊上又发表了四篇文章，并且进一步发表了二十六篇有关固态电子学最新发展的文章，还申请了两项专利。除了忙于工作，格鲁夫还忙着照顾家庭，并且在伯克利的研究生院讲授半导体物理学。喜上加喜的是，他终于得偿所愿把父母亲接到身边，并在硅谷度过余生。格鲁夫始终相信，只要人活着，就应该忙碌度日。

追随摩尔

在仙童半导体工作越久，格鲁夫对公司体制的无力感就越强。仙童半导体随着集成电路市场的持续成长，表现极为突出，但在这繁荣的表面下，却隐藏了相当大的问题。员工相继离开仙童半导体而自立门户。制造经理查理·斯波克离开公司创立了国家半导体公司，并且邀请格鲁夫加入。格鲁夫非常认真地考虑了这个机会，但是最后仍然决定留在仙童半导体，因为他非常欣赏戈登·摩尔。后来，在 1968 年 6 月前后，摩尔向格鲁夫透露，他将离开仙童半导体。

关键思维

当时有场固态电子器件的研讨会，格鲁夫比摩尔早一天到，因为摩尔在仙童半导体还有其他会议。摩尔到达时，格鲁夫一如往常忙着向他说明研讨会的最新状况，但是格鲁夫感觉摩尔有心事，于是进一步询问，摩尔告诉他："我决定退出仙童。"格鲁夫大为震惊，赶紧问道："那你的下一步计划是什么?"摩尔回答："我打算创立一家新的半导体公司。"格鲁夫毫不迟疑，马上脱口说出："我跟随你。"就这样，英特尔破土萌芽，格鲁夫其实从来没有应邀加入英特尔，他就这么不请自来。那么摩尔怎么回答?格鲁夫说："摩尔没有拒绝，我也不记得他说了什么。我是说，他当时并没有给我热情的拥抱，反正我从来没见过他拥抱谁。我们就这么兴高采烈地开始讨论起要怎么经营英特尔。"

——理查德·泰德罗

冒险创业

尽管摩尔对格鲁夫能为英特尔服务感到非常高兴，但是并没有让格鲁夫享有新公司的股份。英特尔的创始股东只有三位，分别是摩尔、罗伯特·诺伊斯以及风险投资家亚瑟·洛克。诺伊斯和摩尔都用每股 1 美元的价格，各买下 24.5 万

股，洛克则买下 1 万股。接下来，洛克以每股 10 美元的价格，卖出另外 25 万股，为新公司筹到大约 300 万美元的启动资金。1968 年 7 月 16 日，英特尔正式成立。

对于诺伊斯和摩尔来说，加入新创企业不是新鲜事，但是对格鲁夫来说，这将是全新的体验。

关键思维

我那时怕得要死，放弃了做起来相当得心应手的稳定工作，开始准备为一个全新领域的全新事业进行研发。离开的决定让我寝食难安，甚至会做噩梦。我的英特尔新职务应该是工程部的主管，但是因为工程部的人员实在太少，所以他们就任命我为运营部的主管。我的第一项工作是申请邮政信箱，这样我们才能收到相关生产设备的书面资料，这些设备我们当时是买不起的。

——安迪·格鲁夫

靠存储器起家

摩尔一直认为，可以靠半导体存储器这项产品成立一家新公司，所以英特尔的小规模研究团队一开始就把研究重心放在研发半导体存储器上。20 世纪 60 年代晚期的半导体存储器生产，主要采用两种技术，一种是传统的双极电晶体技术，另一种则是名为“金属氧化物半导体”（MOS）的新技术。因为还没有办法证实哪种技术比较好，英特尔决定在开始的时候同时运用这两种技术。在 1968 年英特尔成立之时，个人电脑还没有出现，大型电脑主要采用磁芯存储器，这项技术广受认同，市场地位也很稳固，因此英特尔很清楚，要想成功，就必须推出比磁芯存储器更杰出的技术。此外，英特尔也决定要不断创新，以免公司产品落入“大路货”的窘境。该公司希望发明新产品、采取高定价策略、享有先占者优势，然后在竞争对手跟风后、产品价格拉下来之前，开发出更先进的产品。这是个非常有雄

心的目标。

1969 年 9 月，英特尔推出第一款存储芯片：1101。这款芯片并不成功，也没能打进大型电脑市场。紧接着在 1970 年 10 月，英特尔研发出动态随机存取存储器 1103 芯片，其功能明显强于当时市场上所有的存储器。1103 芯片的研制成功，最终确立了半导体存储器的优势地位。1103 芯片也凭其功能强大、经济实惠，收获了理想的销售成绩。1103 芯片上市不到两年，就成为全世界最畅销的半导体存储器。这使得英特尔成为赫赫有名的存储器公司，并且凭借 1103 芯片的销售表现于 1971 年成功上市，首度转亏为盈。

规避竞争

当时的英特尔尚不够强大，公司只具备最基本的产能，而且当时必须把公司最顶尖的工程师派到加拿大数个月，以协助授权厂商进行基础制造能力的搭建。等到授权期到，英特尔又很快调整产品线，把原本的 2 英寸晶圆换成 3 英寸晶圆。这可使英特尔能够用少于授权厂商的成本生产芯片。

关键思维

1103 芯片的研发和大量生产，可以折射出英特尔的竞争应对策略。英特尔根本不希望和别家厂商竞争。英特尔希望能够持续创新，从一项技术中获取最大利益后，即快速抽身转向下一项新技术。这意味着公司需要颇高的研发预算，但是只要能够开发出高利润的新产品，投入的研发预算绝对值得。这样做的目的是要摆脱市场上的既有对手，如微系统国际等，但是更重要的是防御既有专业技术又有组织能力的“野心”大企业进入“战场”，美国德州仪器公司就是一例。

——理查德·泰德罗

四　第一个十年

对格鲁夫来说，在英特尔服务的最初几年，是紧锣密鼓的学习阶段。虽然所受的教育足以使他胜任公司技术方面的工作，但是他同时还必须扮演企业经理人的角色。新产品从实验室研发完成到进入批量生产，每一环节都会面临挑战，格鲁夫要满怀斗志尽心尽力迎接这些不可避免的挑战。他还要处理“人”的难题，让自我意识高的员工可以放下个人好恶、统一高度，采取对公司最有利的做法，这可是一项大工程。

担任公司董事

1971～1972 年间，英特尔自行设计、自行生产的能力越来越强。这对英特尔来说是相当不错的发展，因为公司也一直在尝试扩充产品线。在研发出“可擦写可编程只读存储器”的同时，公司也研发出微处理器——一种把多种不同芯片的逻辑电路整合在单一芯片上的重大发明。上述种种英特尔的研发历程，都有格鲁夫坚守第一线的“挂帅亲征”。

1974 年，对公司贡献卓越的格鲁夫被提拔为公司董事。不过就在二十年前，他还是个十八岁的青年，处在惊心动魄的动荡潦倒中，而现在是全球顶尖科技公司的运营副总裁和董事，能够有这样的转变，让他感慨万千。事实上，格鲁夫在公司里已经逐渐成为不可或缺的角色，而英特尔日后也成为业界不能缺席的绝对领先者。

半导体产业陷入严重衰退

1973 年，英特尔的营业额达到史无前例的 6500 万美元，获利突破 920 万美元。照这样下去，英特尔在 1974 年面临的最大挑战是怎么处理成长带来的问题以及日渐复杂的运营事务，但是实际到来的却是半导体产业严重的衰退期。到 1974 年底，英特尔被迫要对全公司 3500 名员工裁员足足 30%。尽管行业低迷，英特尔在 1974 年仍然努力创造了 1.35 亿美元的营业额，但是到了 1975 年，公司获利大幅下滑，经营环境十分艰难。

关键思维

我们当时太过天真，误以为要维持最快速度的成长是难中之难的，并认为只要成长停滞，日子就会好过一些。其实完全不是这么一回事。成长必须投注相当的心力，但是同时也蕴藏许多危机。因为在产品供不应求的情况下，一家公司即使稍微偷懒、降低标准，也可以侥幸成功。如果公司在成长，就表示你在认真经营，让公司成长可能相当耗费体力，但是心理上相对来说是轻松的。

——安迪·格鲁夫

为了克服低迷和不景气，英特尔在研发等工

作上投入了更多资源。虽然英特尔必须裁减生产部门的员工，但设计研发部门则需要新的血液注入，例如最新成立的微电脑部门。存储器产品仍然是英特尔赖以维生的主力产品，除此之外，公司还积极开创其他新的业务。

关键思维

尽管有那么多著作专门讲述策略，我还是要为策略下个简单的定义，那就是“公司的所作所为”。策略应该随外在环境（也就是会影响公司的力量）调整，也应该随内在环境（也就是公司的能力和知识）改变。

——安迪·格鲁夫

寻找热情经理人

当然，英特尔涉及的业务并不是每一项都能变黄金。英特尔早年曾并购一家名为微码的电子表制造商。因为生产电子表要用到电子元件，而

那正是英特尔的专长，英特尔认为经营微码是件轻松愉快的事，结果却大错特错。理想与现实最大的差异在于微码是消费性产品公司，在经营上必须具备顾客营销技能，而这正是英特尔力不能及的地方。最终，所有来自微码的优秀人才都转到英特尔其他部门任职，而微码则结束运营。

到 1978 年，英特尔已经成立十年，那年的营业额突破 4 亿美元，获利 4430 万美元，公司员工 1.09 万名。英特尔最主要的业务还是半导体的研发和销售。当时的英特尔还没有家用电脑的概念，生产线也尚未作出相应准备，但是家用电脑的市场力量不断凝聚，这股力量终于波及英特尔。这个时期的格鲁夫在寻找优秀的经理人上付出了大量时间和心血，格鲁夫希望他们能为公司带来活力与热情，这是英特尔维持每年成长的必要条件。找到热情经理人成为一大挑战，因为大多数技术人员都比较内敛、稳重，比较缺乏积极进取的“野心”。

关键思维

总体来说，我认为我们之所以能够成功，靠的不是运气，而是恰当的企业文化，这里包括问题导向和自我批判，如此才能督促自己和组织精益求精。然而这项美德如果极致过头，却可能让我们因为自己怀疑而陷入瘫痪。所以我们应该努力保持自己的视角，让自己不忘享受值得自豪的成就，而这项成就就是公司自创立以来，还没有出现不能解决的问题。

——格鲁夫给公司高层主管的一封信，1978 年 10 月

五　临危受命

1978年，英特尔名列《财富》全球500强企业的第486名，隔年排名就上升到386名，市值也从1978年底的6.38亿美元增长到13亿美元。此时由摩尔出任CEO，格鲁夫任公司总裁兼首席运营官。这时的英特尔不再默默无闻，必须正面迎击全球各大半导体企业的挑战，这些企业包括德州仪器、摩托罗拉、国家半导体、日立和富士通等。英特尔推出新的8086微处理器，以与摩托罗拉的16位微处理器68000系列分庭抗礼，后者被公认为技术上略胜一筹。

向IBM推销微处理器

为了和68000这款卓越超群的微处理器一争高下，英特尔的业务人员开始在客户服务和支持上发力。一位英特尔的现场工程师决定使出浑身解数，要向 IBM 推销 8086 微处理器，IBM 是当时全世界最大、最顶尖的信息处理公司。这位工程师拜访的时机恰恰合适，当时的 IBM 正在设计新产品，也就是后来的 IBM 个人电脑。最终，IBM 同意采用 8086 芯片作为自己新型主打产品的大脑，这一决定是非同寻常的，因为 IBM 通常自己生产元件。当时英特尔的业务人员预估，这次关键交易可以带来每年 1 万组的销售量，而 IBM 最终让英特尔的微处理器销售量增长到每年 100 万组。

成为 IBM 个人电脑的微处理器供应商，还为英特尔带来了其他好处：IBM 同意投资 4 亿美元买下英特尔 20％股权，确保英特尔能够持续运营，以供应 IBM 微处理器、存储器和 MOS 技术。后来，IBM 以 6.25 亿美元的价格售出手中的英特尔持股，因为英特尔显然已经站稳了脚跟，能够和德州仪器、摩托罗拉和几家日本企业相竞争。

首度出现赤字

1981 年，IBM 推出个人电脑，产品一经上市马上大受欢迎，对英特尔微处理器的需求也水涨船高。到 1984 年，IBM 个人电脑的销售额已经达到 50 亿美元，平均每 55 秒就要诞生一台新的个人电脑。英特尔的营业额也增长到 16 亿美元，这使得公司一举跃升为《财富》全球 500 强企业的第 226 名。然而，爆棚需求却突然之间减缓。1985 年，英特尔的营业额跌到 14 亿美元，净利基本上完全蒸发，英特尔一时之间受到了四面八方的压力。在这样险恶的市场变化下，英特尔推出了新的 32 位微处理器 80386 系列。尽管如此，英特尔在 1986 年的营业额还是滑落到 13 亿美元，亏损超过 1.73 亿美元，这是英特尔上市以来首次出现赤字。格鲁夫在 1986 年初其实处于休假阶段，但是发生了这种状况，使他计划 12 个月的假期不得不缩短。

关键思维

一切都源于个人电脑的爆炸需求，这种“景气”超出所有人的预期，英特尔为此加大产能，并设法扩充规模来满足需求。泡沫在1984年底破灭，使英特尔空留“过度庞大的组织架构，这种架构适合市值20亿到30亿美元的企业，不适合我们当时市值10亿到15亿美元的规模”。董事长摩尔在英特尔1986年的年报中，发表了如上附言。摩尔在附言中还宣布，他依然会担任董事长，但是CEO的工作会在1987年4月交给格鲁夫。“格鲁夫从英特尔成立之初就在公司服务，官至总裁兼首席运营官，他是公司最重要的灵魂缔造者之一，带领公司成长、指引公司发展方向，并且建立了公司的文化，是位不可多得的管理人才。”

——理查德·泰德罗

六 在死亡之谷徘徊

20世纪80年代中期，日本企业真正意义上开始在半导体产业崭露头角。它们以卓越的产品以及高效率的工厂为绝对优势进入市场，这些工厂只需极低的运营成本就可以缔造出高产能。日本企业在营销上也显得十分积极，不论英特尔等存储器制造商的报价是多少，日本企业都愿意降价10%。面对日本企业的“低价倾销”，格鲁夫毫不保留地形容其对英特尔的威胁是“令人提心吊胆”的。

这样的发展态势在英特尔引发了相当激烈的辩论：有些人希望能够建立大型工厂，跟日本企业正面对决；其他人则认为，新兴的微处理器市场正在成长，而且获利率更高，因此公司应该把资源重点集中在微处理器上。面对两派的争执不下，格鲁夫表示："我们已经失去方向，在死亡之谷徘徊。"

退出存储器市场

1985年的某一天，在"彷徨失措"了一年之后，格鲁夫对摩尔说："如果我们两个下台，董事会无疑会推选出新的CEO，你觉得这个新CEO会怎么做?"摩尔马上回答："他会带领公司退出存储器市场。"格鲁夫盯着他，愣了片刻后说："我们为什么不走出去想清楚，然后回来自己做这件事?"

事后看来，这项决定再简单不过，但是对当时的英特尔来说，付诸实践的过程是相当痛苦的。实际上，为了关闭所有生产存储器的工厂、告知顾客英特尔要退出存储器市场、裁掉相关员工以及让员工适应公司的改变，英特尔一共花了将近三年的时间。对格鲁夫来说，留住英特尔最优秀的人才，指派他们离开存储器芯片、转而开发微处理器，是一项极为艰巨的工作。

关键思维

我们这个产业会不断为社会带来改变。英特尔是个盈利组织，我们原本就是这样设定的，也在不断朝这个目标努力。

——戈登·摩尔

个人电脑是大势所趋

在1987年4月23日格鲁夫接任CEO时，电脑产业还是由IBM和迪吉多电脑把持，IBM主要掌控大型机电脑市场，迪吉多电脑则称霸迷你电脑市场。IBM 1987年的营业额是542亿美元，市值达到720亿美元。相比之下，英特尔在同年的营业额是19亿美元，市值则是43亿美元。尽管英特尔的市值还比不上IBM 1987年53亿美元的获利，但是英特尔的确即将威胁到IBM。

关键思维

格鲁夫在担任 CEO 的十一年间也犯了不少错误。不过他非常幸运，赌对了几项策略，这些策略的结果有可能不如预期理想。然而最重要的是，格鲁夫在一件不容出错的事情上，作出了最英明的判断，他意识到“个人电脑是大势所趋”。这可不是每个人都能看出来的。

——理查德·泰德罗

停止委外代工

格鲁夫为了让英特尔能够迈向新时代，并且把全部力量放在微处理器上，采取了特定策略，这项策略说来容易，执行起来却很困难。

关键思维

我们了解到，市场占有率高对成功来说是非常重要的，要扩张市场份额就必须心甘情愿投入资源以提高产能。这种投资是相当大的赌注，因

为必须在实际需求产生之前，就把资源投入进去。我们也了解到，大宗商品产业是没有什么吸引力的，所以不想再把知识产权授予任何厂商。英特尔希望成为首选的供应商，也会继续巩固领导地位。

——安迪·格鲁夫

英特尔在准备推出微处理器 80386 系列的同时，也宣布了一项与一般做法大相径庭的措施，那就是此系列微处理器不会交由代工厂生产。这项决策十分大胆，而英特尔这么做等于宣告自己会建立足够的产能，不给可能会使微处理器价格下跌的代工厂任何可乘之机。这对英特尔来说是非常关键的时期，因为如果 IBM 坚持英特尔必须寻求代工厂合作，英特尔的发展可能会大不相同。

趁隙抢占市场

然而，IBM 并不急着购入 386 芯片。IBM 的主力还是放在大型机上，只把个人电脑当作次要的收入来源。然而当康柏电脑决定生产采用 IBM 软件的便携式电脑时，形势就此转变。康柏向英特尔采购 386 芯片，然后在 1986 年 9 月推出 Deskpro 386，抢先 IBM 一步。当时没有人真正注意到这件事，但这开启了 IBM 相容电脑的市场。在英特尔微处理器的助力下，康柏的营业额在 1987 年超过了 12 亿美元，这样的增长速度罕有人及。一时之间，IBM 再无能力支配个人电脑市场的发展脚步，英特尔随即取而代之。格鲁夫趁热打铁，把英特尔打造成六大事业群，每个事业群都由格鲁夫直接负责。这些事业群分别是：

◎ 微电脑元件事业群。

◎ 电脑系统事业群。

◎ 特殊应用集成电路元件事业群。

◎ 元件科技与制造事业群。

◎ 营销事业群。

◎ 管理事业群。

 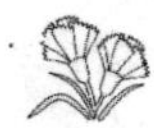

管理随产品日渐复杂

随着英特尔产品越来越精密，管理英特尔也变得日益复杂。例如，微处理器 80386 使用了 17.5 万个相连的晶体管。经过二十年的发展，一个微处理器上使用的晶体管增加到 17.5 亿个，一共交叠了二十层，体积却只有指甲这么大。由此可见，要管理如此精密而复杂的研发工作，绝对不是一般人能够胜任的。要克服这些挑战，拥有特定科技技能的人才必不可少，格鲁夫必须管理这些人才，让这些人才通力合作。

英特尔销售 386 芯片的策略是逐渐调低售价，这样一方面可以提高销售量，一方面又可以让其他厂商打消进入市场的念头。此外，英特尔同时针对不同目标市场开发不同的微处理器，所用的芯片价位有异，产品定位也不同。再者，英特尔也开始销售电路板和个人电脑。个人电脑市场的结构从垂直（由一家公司满足所有需求）变成水平（由不同公司服务个人电脑市场中的不同区块)，英特尔也随之茁壮成长。这一点从一件事上就可以清楚看出来，早期一部 IBM 个人电脑中使用的英特尔芯片价值约 20 美元，而康柏 Deskpro 电脑使用的英特尔产品价值约 800 美元。

把鸡蛋放入同一个篮子

1988 年，英特尔营业额增长到 28 亿美元，1989 年则是 31 亿美元。等到英特尔 1989 年 4 月推出新的 80486 微处理器时，显然已经成为业界龙头。大多数分析师都预测，486 芯片的研发成本高达 2 亿美元，所以任何竞争对手想要加入战局，都必须投入相当规模的资源。

关键思维

卡耐基曾说：“把所有鸡蛋放在同一个篮子里，然后小心看好篮子。”这是格鲁夫信守的原则。在 20 世纪 80 年代管理英特尔，就好像走钢丝一样惊险。不论是退出存储器市场、独立生产

386 芯片，还是复杂指令集和精简指令集的取舍，只要决策错误，或者决策适当但执行失误，都可能会让英特尔一败涂地。后来证明，20 世纪 90 年代是英特尔最风光的时代，但这风光可不是轻易得来的。

——理查德·泰德罗

七 “Intel Inside” 营销品牌

到 1990 年，尽管英特尔在行业内已经是无人不知、无人不晓，但是在电脑业外则不是这么回事。英特尔在那个阶段的营销模式仍然停留在企业对企业，员工大多数是工程师，销售对象则是其他企业的工程师。英特尔决定对营销模式进行大刀阔斧的创新，即开始直接对消费者推销新款处理器。新的营销模式使得消费者主动要求电脑要内嵌英特尔最新的微处理器，不必再等到电脑制造商更换微处理器。日后极为成功的“Intel Inside”营销计划就是从这里衍生而来。

从 1990 年到 1993 年，英特尔在这项营销活动上投入将近 5 亿美元，立志把英特尔打造成全球最知名的、也是最有价值的消费品牌之一。

放弃精简指令集芯片

20世纪90年代中期，格鲁夫作出了另一项对英特尔至关重要的决策。英特尔的286、386和新的486芯片，过去都是采用业界知名的复杂指令集运算（CISC)，而一些企业研发出来的新型芯片采用的则是不同的技术架构，名为精简指令运算（RISC)。提议使用RISC的人认为，这种芯片的执行工作效率比较高，因此整体效率终究会大大超越CISC芯片。格鲁夫必须决定，到底应该继续研发英特尔拥有专利的CISC芯片，还是应该像当初英特尔退出存储器市场一样，改用技术上非常有吸引力的RISC架构。

英特尔一度花了好几年的时间，成立了拥有250人的部门，专门为英特尔研发RISC芯片，并将其当作486芯片的选购配件。后来格鲁夫了解到，针对英特尔286、386和486芯片适用的软件，公司已经投入了超过300亿美元的研发经费，也就是说，继续提升目前的CISC

架构是绝对值得的。英特尔悄悄解散了公司的 RISC 团队，人员则分配到组织里的其他部门。与此同时，格鲁夫宣布公司正在研发新一代的 CISC 芯片，芯片效率也将持续提升，结果值得期待。

关键思维

回顾这些争论，我不禁对当时的自己摇头，怎么会考虑要放弃过去的技术？这项技术不仅在当时引领风骚，即便到现在都还是一样。不是每一种转换都称得上是典范转换。

——安迪·格鲁夫

格鲁夫另一项引起争议的决定是宣布英特尔的新一代芯片将不会命名为“586”，而是要改以“奔腾”这个名字上市。此举让公司里许多工程师感到失望，业界其他已经习惯了“86”模式的厂商对此也相当失望，但是英特尔为了持有新一代芯片以及未来各种微处理器的商标权，绝对有必要这么做。

英特尔成功的秘诀——专注

关键思维

想要找到英特尔成功的秘诀并不难，这个秘诀就是“专注”，这既是名词也是动词。英特尔有专注的本钱，也的确做到了专注，它是一家专注于本业的企业。在 RISC 插曲结束之后，这种专注成为英特尔经营 X86 系列产品的指引。这项兼具成功与创意的策略使得英特尔这家创立才1/4世纪的企业，能够在产业的动荡之中成长，并跻身商业史上获利能力最强的企业之列。

——理查德·泰德罗

到了英特尔成立二十五周年的 1993 年，公司员工将近 3 万名，营业额达到 87.8 亿美元，创造了将近 23 亿美元的获利。这时公司已经名列《财富》全球 500 强企业的第 56 名，《财富》给出如下说明："英特尔是全球同规模企业中获利能力最强的。"对于英特尔的进步，格鲁夫感到由衷欣慰，但是他从不认为公司可以就此高枕无忧。

关键思维

经理人的职责就是要激发出下属的卓越表现。

——安迪·格鲁夫

竞合关系

因为英特尔在电脑业的影响力逐渐增强，格鲁夫开始接触各大电脑企业的 CEO。他与 IBM 的路易斯·郭士纳会面，后者将接任 CEO，并且建议 IBM 应该停止生产半导体而转型成为服务商。IBM 后来也的确成功转型，尽管这项决策并不见得是因为格鲁夫的建议。然而 IBM 后来并没有停止生产半导体，半导体业务的继续进行直接导致了 IBM 接下来几年内的由盛转衰。

格鲁夫也跟微软的 CEO 比尔·盖茨碰了几次面。他们之间有个有名的插曲，一次，盖茨到格鲁夫硅谷的家中参加晚宴。在席间闲谈之际，盖茨提到他觉得英特尔在某项产品中使用了微软的智力成果，并认为这项产品是跟微软有竞争关系的。盖茨进一步口无遮拦，说如果要上法庭，这项指控有可能“可以成立”。格鲁夫猛然起身说道：“你是想在我的晚宴桌上，威胁我要采取法律行动吗?”接下来的晚宴一直处在相当尴尬的气氛之中，而这种微妙气氛正是因两位以直言、敢言知名的 CEO 而形成。格鲁夫后来这样形容那天晚上的情形：“我个人认为，这是两人之间的小摩擦而已。”

后来，英特尔和微软每年都会开几次会以维持并加强彼此的合作关系，这对彼此都有利，媒体后来把这种关系称为“Wintel 联盟”。无可否认，这两家公司在相互竞争，都希望垄断个人电脑市场中最有价值的部分，但是双方不得不承认它们同时相辅相成。英特尔和微软携手吸引消费者购买更好的新电脑，然后再相互竞争，看消费者愿意多花钱买更好的处理器还是更多的软件。它们之间的竞争相当激烈。

关键思维

英特尔和微软之所以会出现差异，是因为我们追求的目标从根本上就不同。英特尔靠新电脑搭配新芯片，不会销售被取代的芯片或升级版芯片，盖茨则把视窗系统视为可以持续经营的市场。

——安迪·格鲁夫

英特尔曾一度尝试研发名为“主体信号处理”（NSP）的平台技术，这项技术能让功能强大的应用软件运行得更顺利，英特尔希望借此来吸引消费者购买功能更强大的处理器，微软则认为这闯进了自己的势力范围。英特尔在微软推出视窗 95 之后就放弃了 NSP 技术，因为 NSP 技术和视窗 95 不相容。

英特尔的成功也招致了非难。1994 年 10 月，英特尔新款奔腾芯片在浮点运算单元上出现了技术缺陷，这激起了一片哗然。这个缺陷其实微乎其微，根据估计，如果使用试算表，平均每 2.7 万年才会出现一次计算错误。到了同年的 12 月，这个小小的错误已经对英特尔的名声造成重大损害。IBM 马上逮住机会紧咬着英特尔不放，并且宣布所有使用奔腾系列芯片的 IBM 电脑都立即停止发售。直到英特尔宣布采取“更换所有芯片，并改进芯片设计”的措施，这场风波才平息下来，为此英特尔付出 4 亿美元之巨的代价。

八 只有偏执狂才能生存

格鲁夫在英特尔服务期间，曾热衷于推行四大项目，分别是：主机板、“Intel Inside”、芯片组以及视频会议系统。如果格鲁夫对网络同样推崇，那么会有什么结果？英特尔的面貌可能会大不相同。

事业与健康受创

虽然英特尔在 20 世纪 90 年代中期的运营整体表现不错，但格鲁夫还是犯了不少错误，1995 年，他倾注了极大努力用于 ProShare 视频会议系统，一度投入 700 名技术人员在这项产品上，但是 ProShare 并没有获得市场青睐。因为它的使用前提是要求每位用户都必须安装 ISDN 宽带网络，这是非常不容易克服的技术障碍。就算后来英特尔重新设计 ProShare 系统，改用传统的电话线来传输信号，但是视频会议的概念始终没有受到真正欢迎。到这项计划结束为止，英特尔总共在 ProShare 系统上耗费了 7.5 亿美元以及五年的精力和心血。

硅谷传奇也非不食人间烟火，就在格鲁夫再次成功救英特尔于危难之际，他的身体出现了病情，病痛也让他体会到自己终究不过是凡人。格鲁夫罹患了前列腺癌，必须在医院接受放射治疗。虽然日后是否会复发还有待观察，但是至少在治疗后十年内，病情得到了有效控制。在人生遭逢这种变故后，格鲁夫得到启示："调查、选择、去治——而且要快。需要主动进攻，消极等待只能更糟。"这与他的经营理念如出一辙。

逆境中成长

尽管有上述种种挫折，1996 年的英特尔表现依然不俗：该年的营业额达到了 208 亿美元，比前一年增长 29%；净利达到 52 亿美元，比前一年增长

45%；公司市值是 1110 亿美元，也让英特尔一举上榜全美百大企业。英特尔当时的员工有 4.85 万名。如果你在 1971 年公司上市之初买下英特尔 100 股，此时你的股份价值会超过 200 万美元。最难能可贵的是，在全球半导体产业陷入非常痛苦的衰退期时，英特尔依然可以茁壮成长，因为这一年个人电脑的销售量有 7000 万台，其中有 80%～90%都使用了英特尔的微处理器。

关键思维

我们认为英特尔的竞争实力非常强悍，而且在可见的未来会继续在市场上占有主导地位。我们也认为英特尔丝毫不会轻视竞争对手，不论是现实中的对手还是想象中的对手。在英特尔的企业文化中，存在一种“被超越妄想症”，往往促使该公司抢在竞争对手之前，用新产品攻击自己目前的产品线。

——亚历克斯·布朗父子投资银行分析报告

当选年度风云人物

媒体自然不会忽视英特尔在经营上的成功表现，也没有漏掉身无分文的匈牙利移民实现美国梦、当上英特尔 CEO 的故事。《时代周刊》决定将格鲁夫选为 1997 年“年度风云人物”。格鲁夫也在《财富》杂志上发表文章，详述自己与前列腺癌的抗争经过。另外，格鲁夫也出版了好几本商业书，包括畅销书《十倍速时代》。

关键思维

要想保持成功，必须躲开竞争对手打过来的子弹。最重要的是必须躲开公司的最大威胁，也就是当外在环境改变，你赫然发现公司的经营条件跟以前大不相同时，就必须特别小心。我认为经营企业必须时时小心各种意外状况，因此我把“只有偏执狂才能生存”当作自己的座右铭。

——安迪·格鲁夫

功成身退

1997 年，英特尔的营业额冲到 250 亿美元，这也让该公司名列《财富》全球 500 强企业第 38 位，这时格鲁夫开始认真考虑要交出 CEO 一职。他已经培养克瑞格·贝瑞特成为接班人，并且在 1998 年 3 月 26 日正式公布这项人事安排。格鲁夫卸任 CEO 时已经年过花甲，卸任之后他继续担任英特尔董事长，但是日常运营的责任和挑战则交给了继任者。

2005 年 5 月 18 日，格鲁夫正式从英特尔退休，贝瑞特接任董事长，保罗·欧德宁接任 CEO。格鲁夫接受了资深顾问的职务，辞去英特尔董事职位。格鲁夫最后一次在董事会作报告时，使用了下列三张幻灯片：

◎董事会应该信奉“经营判断原则”，应该根据这个原则，维护经理人周详考虑过的经营判断，这样公司才能承担风险，推动创新。

◎董事会在公司治理出现变动时，应该永远

扮演稳定军心的角色。在变动发生时要提供指引，在变动发展到极端时要踩刹车。

◎要拥护英特尔的价值观，并努力做到下列事项：

- 鼓励并奖励员工承担必要风险。
- 要开明而直接。
- 用建设性的心态面对问题、解决问题。
- 彼此分享意图和期望。
- 为所当为。

九　CEO 的成绩单

格鲁夫在英特尔 CEO 任内到底留下了怎样的成绩单？公平来讲，格鲁夫的表现好坏参半。以下分别说明：

◎单从财务方面来看，英特尔在格鲁夫领导下的表现堪称完美。格鲁夫的财务成绩得了个“优”。

◎从策略方面来看，在格鲁夫接任 CEO 时，英特尔正面临发展方向的抉择。格鲁夫选择退出存储器市场，让公司全力投入微处理器领域，事后也证明这个决定完全正确。英特尔的成功转型，完全受益于格鲁夫的勇气与毅力。

◎格鲁夫洞察到个人电脑未来的不可阻挡之势，这让英特尔在个人电脑市场上占到了非常有利的位置，这是其他厂商力所不及的。

◎格鲁夫不畏于作艰难决策。英特尔拒绝授权任何厂商生产386芯片组，这是非常重要的决定，如果英特尔不作此果断决定，发展之路可能会大不相同。这件事展现了格鲁夫的胆识。

◎格鲁夫把“唯一的不变就是变”这个概念植入英特尔的DNA之中。该公司从来没有停止过设计创新，坚持研发更复杂的芯片。英特尔把顶尖科技视为公司生存之必需，而不是可有可无的鸡肋。英特尔从不容许自己做到“差不多就好”。

◎格鲁夫一向坚持，不论遇到哪种状况都应该坦然面对。他对英特尔员工灌输一种责任感，那就是坚持深入探究实际状况绝对值得。

◎毫无疑问，当初奔腾系列在浮点运算方面的缺陷问题，格鲁夫理应处理得更妥善。他鲜少让状况失去控制，这是个难得的例外。但是从这件事中也可看出“Intel Inside”营销方案的大获全胜。出人意料的是，这次风波为英特尔创造了极高的品牌知名度，等到问题解决之后，大家对奔腾系列的接受程度反而更高。

◎格鲁夫的言词相当犀利，他从不掩饰自己的情绪起伏，他在英特尔时会把员工骂得无地自容，这也是众所皆知的事。他聪明、严厉还有些傲慢，就是因为格鲁夫的这些性格特质，所以要当他的下属非得有两把刷子才行。公司上下都很清楚，向他报告前必须作好万全准备。

◎即使有资料显示市场对 ProShare 的兴致不高，格鲁夫还是执意推出，这使得英特尔蒙受高额损失。

◎格鲁夫从不畏惧引起争议。长期下来，这些特质也融入了英特尔的 DNA 之中。从企业角度来看，这些特质是优点，但是从个人角度来看，可能就没那么受欢迎。对于他的“美国最强悍的老板”称号，他个人非常喜欢，不过到了 20 世纪 90 年代后期，他开始厌倦看到各种报道标题对他的嘲讽，媒体称他是“匈奴王阿提拉”。

◎格鲁夫确实错失了几次绝佳商机。英特尔曾经一度考虑买下思科系统，当时该公司市值2亿美元。如果英特尔当时买下思科，那么就能够为股东赚进极高报酬。英特尔的成长一向是靠经营本业，而不是靠并购，这种“稳重”的优点从某方面来说或许是缺点。就以思科为例，该公司市值到2005年已经达到1080亿美元。如果英特尔当时将思科纳入旗下，结果会非常惊人。英特尔也同样不善于内部创业，即让创新事业部门独立为子公司，这家公司只是专心维持微处理器的龙头地位。